周易智慧鉴用

靳文涛 著

巴蜀书社

图书在版编目（CIP）数据

周易智慧鉴用 / 靳文涛著. — 成都：巴蜀书社，2023.5
ISBN 978-7-5531-1970-0

Ⅰ.①周… Ⅱ.①靳… Ⅲ.①《周易》—通俗读物 Ⅳ.①B221-49

中国国家版本馆CIP数据核字（2023）第069934号

周易智慧鉴用
ZHOUYI ZHIHUI JIANYONG

靳文涛　著

出 品 人	林　建　侯安国
策划编辑	施　维
责任编辑	肖　静　沈泽如
封面设计	成都利智达印务设计有限公司
出　　版	巴蜀书社
	成都市锦江区三色路238号新华之星A座36层　邮编：610023
	总编室电话：（028）86361843
网　　址	www.bsbook.com
发　　行	巴蜀书社
	发行科电话：（028）86361852
印　　刷	成都东江印务有限公司
版　　次	2023年6月第1版
印　　次	2023年6月第1次印刷
成品尺寸	152mm×215mm
印　　张	23.25
字　　数	470千
书　　号	ISBN 978-7-5531-1970-0
定　　价	88.00元（精装）

本书若出现印装质量问题，请与本社发行科联系

前　言

《周易》是一本什么书？是哲学、是科学、还是迷信占卜的"天书"？中央文史馆馆员、中国周易学会终身荣誉会长刘大钧先生说，《周易》乃先秦古籍，其独具魅力的学术品格和渊深溥博的文化意蕴，使之卓立于群经之上，被推为五经之首、大道之源。其后，历代学人无论何家何派均对该书推崇备至、前后相续、研习不辍，形成了一条极天地之渊蕴、尽人事之始终的易学长河，它是古代智慧之结晶！

《周易》是我国三千多年前的一部古典哲学著作，内容博大精深，是我国朴素辩证法思想的最早起源，也是具有世界影响的一部古代典籍。著名哲学家冯友兰先生说："《周易》不仅是中国的，也是东方的，更是世界的；不仅是古代的，也是现代的，更是未来的。"

"二进制"现已广泛应用于计算机，发明者是德国著名的哲学家、数学家莱布尼茨，他是中西文化的倡导者和传播者，当他看到《周易》的"太极生两仪，两仪生四象，四象生八卦"的原理时高度赞扬:"二进制与太极八卦图完全相吻合,这张图乃是当今世界上最古老的科学丰碑之一,它包含着算术和语言两种系统。"

《周易》是中华民族的瑰宝,也是全人类的瑰宝。它是哲学、社会科学和自然科学的集大成者,特别是它所蕴含的哲学智慧,对当今治国理政、修身齐家,对各行各业、各个年龄段人们的生活、工作和学习都具有借鉴价值。

但《周易》是三千年前的古文,生僻字较多,难以读懂,而解读《周易》的著作汗牛充栋、良莠不齐,常令当今读者莫衷一是。

《〈周易〉智慧鉴用》就是围绕着读者的需求,采取"智慧提炼,成语概括;结合现实,白话解读;创新实用,与时偕行"的方法精心解读《周易》,因此本书具有以下特点。

一是介绍了《周易》"人更三圣,世历三古"的成书过程和基本知识,使刚入门的读者对《周易》有一个基本的了解。

二是《周易》原文采用了新疆特克斯县易经文化园内的"大易碑廊今、帛、竹三本石经"的今文版本。该版本是由刘大钧教授带领他的团队亲自整理审定的,是现行较为完善的《周易》版本。

三是开创了用成语解读《周易》的先河。因为直接源于《周易》的成语有两百多个，间接来源于《周易》的成语有一千多个。以成语对应解读卦爻辞，可使读者在学习《周易》的过程中便于理解、记忆和提高。全书共收集成语900余条，每一条成语都是在《中华成语大辞典》42000余条成语中精心挑选的，提炼出了卦爻辞的核心思想。

四是为了适应每一位读者的不同需求，在每一卦的后面都精心编撰了"智慧鉴用"，以方便读者根据自己所处的"时"和"位"，用鉴往知来、熔古铸今的智慧，结合自身的实际情况加以实践和应用。

用成语解读《周易》的方法是一种创新，也是一种新尝试，是将优秀传统文化"创造性改造、创新性发展"的具体体现。

《周易》文化博大精深，中华宝藏无边无尽。余虽不才，但作为一名长期从事"八卦城"保护建设工作的老同志、申报"国家历史文化名城——特克斯八卦城"的决策参与者和具体实施者、《周易》文化的研究者和受益者，挖掘和弘扬中华民族优秀传统文化的使命感和责任感时时萦绕在心头，因此斗胆拿起笔来，将四十年来对《周易》文化的学习、鉴别、应用、体会和得失，加以归纳和总结，试图形象、生动、准确、深刻地表达出《周易》的智慧。

本书能使读者深切洞窥中华文化之蕴奥，体认中华文化之精髓，从中汲取精华和鉴别应用，以提高修养、增加智慧、指导人生，使读者在人生的旅途中做到少走或不走弯路。

该书从2007年动笔到2017年《〈周易〉鉴用》出版，历时十年之久。从《〈周易〉鉴用》出版至今也已六年，这六年得到了社会各界读者朋友的厚爱和支持。

此次重新修订出版并更名为《〈周易〉智慧鉴用》，是根据广大读者反馈的意见和建议。首先在原文后增加释义，以方便读者理解；其次是在每一卦的前面增加了"智慧精华"，为读者提示该卦的核心思想；再次是结合现实社会的发展变化和我们对《周易》的最新研究成果，将贴近现实和时代的内容融入其中。同时，对原文中的生僻字、通假字在解释时做了拼音标注。

2023年5月是国务院批复特克斯为"国家历史文化名城"十六周年，本人谨以《〈周易〉智慧鉴用》献给读者朋友；献给来特克斯旅游观光、投资兴业、检查指导工作的各界朋友；献给我心爱的物华天宝、人杰地灵的八卦城；献给勤劳、淳朴、智慧、和谐的特克斯各族人民！

同时，我在此真诚地感谢尊敬的刘大钧教授曾为本书（初版）题名和指教、感谢李尚信教授的精心指导、感谢施维老师及编辑部的各位老师为本书的再版所付出的辛勤劳动、感谢雷雨博士、鲍广奎老师、刘因刚老师为书稿修改提供的帮助，感谢我的家人及众多朋友的支持。没有各位的鼎力相助，本人在"玩易"的路上走不到今天！

由于本人水平有限，书中的错误在所难免，若能得到各位专家及读者朋友的不吝指教，则非余一人之幸！

靳文涛

2023年5月6日

目　录

《周易》文化简说 ······ 1

一、伏羲始创八卦 ······ 1

二、《周易》的形成——文王拘而演易 ······ 6

三、孔子及《易传》简介 ······ 16

四、《易经》的相关知识 ······ 19

《周易》智慧与鉴用 ······ 24

乾　卦 ······ 24

坤　卦 ······ 33

屯　卦 ······ 40

蒙　卦 ······ 45

需　卦 ······ 52

讼　卦 ······ 57

师　卦 ······ 62

比　卦 ······ 67

小畜卦	72
履卦	77
泰卦	82
否卦	88
同人卦	93
大有卦	98
谦卦	103
豫卦	108
随卦	113
蛊卦	118
临卦	123
观卦	128
噬嗑卦	133
贲卦	138
剥卦	143
复卦	147
无妄卦	153
大畜卦	158
颐卦	163
大过卦	168
坎卦	173
离卦	178

咸　卦	……………………………………	183
恒　卦	……………………………………	188
遁　卦	……………………………………	193
大壮卦	……………………………………	198
晋　卦	……………………………………	203
明夷卦	……………………………………	208
家人卦	……………………………………	213
睽　卦	……………………………………	218
蹇　卦	……………………………………	224
解　卦	……………………………………	229
损　卦	……………………………………	234
益　卦	……………………………………	240
夬　卦	……………………………………	245
姤　卦	……………………………………	251
萃　卦	……………………………………	256
升　卦	……………………………………	261
困　卦	……………………………………	266
井　卦	……………………………………	272
革　卦	……………………………………	277
鼎　卦	……………………………………	282
震　卦	……………………………………	287
艮　卦	……………………………………	293

渐　卦 …………………………………………… 298

归妹卦 …………………………………………… 304

丰　卦 …………………………………………… 309

旅　卦 …………………………………………… 315

巽　卦 …………………………………………… 321

兑　卦 …………………………………………… 326

涣　卦 …………………………………………… 330

节　卦 …………………………………………… 335

中孚卦 …………………………………………… 339

小过卦 …………………………………………… 344

既济卦 …………………………………………… 349

未济卦 …………………………………………… 354

结束语 …………………………………………… 359

《周易》文化简说

一、伏羲始创八卦

伏羲生活在中国古史的传说时代，据考当在新石器时代的中晚期，距今大约有五千多年的历史。那时候是一个"人生之始也，与禽兽无异，知其母而不知其父，知其爱不知其礼""饥则求食，饱则弃余，茹毛饮血而衣皮革"的渔猎社会。

中华古史文献向有"三皇""五帝"依代相传之说。但传说中的"三皇"究竟指的是谁？从先秦至西汉有多种说法。魏晋以后，各家史书均认为"三皇"是指太昊伏羲氏、炎帝神农氏、皇帝轩辕氏。太昊伏羲氏为"三皇之首""百王之先"，他的主要贡献分述如下。

(一) 画八卦，造书契，作甲历，定四时

《易·系辞下》："古者包牺氏之王天下也，仰则观象于天，俯则观法于地，观鸟兽之文与地之宜，近取诸身，远取诸物，于是始作八卦。"《尚书·序》："古者伏羲氏之王天下也，始画八卦，造书契，以代结绳之政，由是文籍生焉。"清·吴乘权《纲鉴易知录》："命朱襄为飞龙氏，造书契。""书制有六：一曰象形，二曰假借，三曰指事，四曰会意，五曰转注，六曰谐声。使天下义理必归文字，文字必归六书，以同文而代结绳之事。"伏羲氏按照大自然的天、地、水、火、山、泽、风、雷八种自然物质，形成了八卦最基本的要素，按照"太极生两仪、两仪生四象、四象生八卦"的理念，配上相应的卦名创造了"八卦"，后人称之为"先天八卦"。

两仪　"太极动而生阳，静而生阴，是生两仪"，即"阴、阳"。他用虚线"- -"代表"阴"，称"阴爻"；用实线"—"代表"阳"，称"阳爻"。

四象　也就是把阴阳两爻相组合，形成了四个不同的卦象分别称太阳（⚌）、太阴（⚏）、少阴（⚎）、少阳（⚍）。

八卦　将四象的"两爻卦"上再加一爻，形成了"三爻卦"，即"四象生八卦"，如乾卦（☰）、坤卦（☷）、坎卦（☵）、离卦（☲）、震卦（☳）、巽卦（☴）、艮卦（☶）、兑卦（☱）。每一卦都有不同的卦象和代表对应的自然物质，即：乾卦代表天，坤卦代表地，震卦代表雷，巽卦代表风，艮卦代表山，兑卦代表泽，坎卦代表水，离卦代表火。

《管子·轻重戊》："虙戏作，造六甲以通阴阳，作九九之数，以合天道，而天下化之。"伏羲按照天道的自然规律创造的甲历，不仅大大推动了原始畜牧业的发展，而且为后世历法的修改和完善奠定了基础。

(二) 结网罟，兴渔猎，养牺牲，充庖厨

在伏羲时代，当时人们的食物来源主要依靠采集天然的果实和集体围猎野兽为主，常常不够食用。伏羲"仰观天文，俯察地理，中观万物"，发明了网罟，用以捕鱼猎兽。这一划时代的重大发明，大大提高了人们的渔猎能力，为先民的生活打下了可靠的物质基础。网罟的发明，虽然提高了渔猎效能，但仅仅凭网罟捕鱼猎兽，尚无法摆脱大自然造成的丰歉之虞。为解决这一重大问题，太昊伏羲氏开始了豢养牺牲的尝试。《礼记·月令》说伏羲"执伏牺牲"；《路史·后记一》载伏羲"豢养牺牲，服牛乘马"；明·李贽《史纲评要》说伏羲"养六畜，以充庖厨"，这一创举，不仅使先民的生活有了保障，而且开辟了原始畜牧业的新时代。

太昊伏羲氏"变茹腥之食，而钻木取火"，炙肉烩羹，成为饮食文化的创始人。

(三)造琴瑟，歌扶徕，正姓氏，制嫁娶

《礼记注疏·曲礼》载伏羲"作琴瑟以为乐"。《史纲评要》说，伏羲"作荒乐，歌扶徕，颂网罟，以镇天下之人，命曰立基；斫桐为琴，绳丝为弦，命之曰离徽。以修身理性，反其天真，而乐音自是兴焉"。伏羲的这一做法，对于开发民智，教化民风，使先民脱离蒙昧，进入文明具有开创性的意义。

《帝王世家》："庖牺氏，风姓也……制嫁娶之礼，取牺牲以充庖厨，故号庖牺氏。"《竹书纪年》："太昊伏羲氏，以木德王，为风姓。"《史纲评要》："上古男女无别，帝始制嫁娶，以俪皮为礼，正姓氏，通媒妁，以重人伦之本，而民始不渎。"正姓始以别血缘。在此基础上，太昊伏羲氏，始制嫁娶之礼。可以说从伏羲开始，我国各民族由原始杂交婚演变为血缘家族的班辈婚。班辈婚是较群婚更为合理的婚姻制度，而完成这一历史进程的关键人物正是伏羲。

(四)建屋庐，始定居，尝百药，制九针

古代先民，穴居野外，栖无定所，常有自然灾害之虞。《纲鉴易知录》载太昊伏羲氏命"大庭为居龙氏，治屋庐"。《拾遗记》："庖牺……去巢穴之居。"自此先民定居下来。由于屋庐的建造，为原始农业的兴起奠定了基础。

《帝王世家》称伏羲画卦，"所以六气、六腑、五藏、五

行、阴阳、四时、水火升降，得以有象，百病之理，得以有类。乃尝百药而制九针，以极夭枉焉"。元代，召命天下州郡尊伏羲以药王之首祭之。清太医院，仍将伏羲、神农、黄帝尊为医药始祖。故河南省南阳医圣祠中的历代名医石刻，仍把伏羲列在首位。

（五）以龙纪官，分现海内，造干戈，饰武功

《史记·三皇本纪》《易经》等典籍均记载太昊伏羲"以龙纪官"，首先命朱襄为飞龙氏，造书契；昊英为潜龙氏，造甲历；大庭为居龙氏，造屋庐；浑沌为降龙氏，驱民害；阴康为土龙氏，治田里；栗陆为水龙氏，繁滋草木，疏导泉流。同时他又立五官：以春官为青龙氏，夏官为赤龙氏，秋官为白龙氏，冬官为黑龙氏，中官为黄龙氏。伏羲自己号称龙师。

那么，龙是怎样产生的呢？在伏羲时代，各个部落都有不同的图腾崇拜，如分别对蛇、鱼、鹿、马、牛、虎、鹰等动物的崇拜，因崇拜不同，为此经常发生战争。伏羲是当时最大的一个部落首领，为了让大家不再为此发生争斗，所以提议综合各部落的图腾崇拜，形成共同的图腾——"龙"。古人把"龙"描述为蛇身、鱼鳞、马脸、鹿角、牛耳、虎掌、鹰爪，并赋予了更多的本领，诸如：它可飞跃在天，呼风唤雨；它能潜入水底，翻江倒海；它能变化多端，时隐时

现等。这里的龙成了无所不能，神通广大的"神"。因为它包含了各部落图腾崇拜的元素，大家都很满意，从此，各部落不再为此而发生战争了。

龙文化是中华民族多元一体的象征，是一种团结的象征、统一的象征。经过几千年的发展，现已成为中华民族的图腾和标志，它也成了联合全世界华人的情感纽带。所以伏羲创立的龙文化是中华民族宝贵的精神财富。

东晋·王嘉《拾遗记》称伏羲"造干戈以饰武功"。伏羲所处的时代，人少兽多，人们被凶禽猛兽吞噬的现象时有发生。同时，部落与部落之间也常常发生争斗。由于生存与斗争的需要，太昊伏羲氏首创兵器与武术。尽管后世武术门派林立，究其套路理论，无不源于伏羲八卦的阴阳原理，有些直接以"八卦"定名，如太极拳、八卦掌……

二、《周易》的形成——文王拘而演易

（一）《周易》的形成

周文王（约前1152—前1056），姓姬名昌，史称西伯，是商末周族的领袖。他广施仁德，礼贤下士，发展生产，深得人民的拥戴。由此引起商王纣（后称殷纣王）的猜忌和不满。昏庸残暴的纣王听信谗言，将姬昌囚禁于当时的国家监

狱——羑里城。关进监狱时，姬昌已是82岁的老人了。羑里城是《周易》的发源地，位于河南省汤阴县城北八华里羑、汤两河之间的空旷原野上，是我国历史上自有文字记载以来的第一座国家监狱。商代末期，国君纣荒淫残暴，上下怨恨，而西部的诸侯国在西伯侯姬昌的治理下，日益强大。这引起了殷纣王的疑虑。恰在此时，"九侯有好女，入之纣。九侯女不喜淫，纣怒，杀之，而醢九侯。鄂侯争之强，辩之疾，并脯鄂侯。西伯昌闻之，窃叹。崇侯虎知之，以告纣，纣囚西伯羑里"。

在异常艰苦的监狱生活里，姬昌将伏羲氏的先天八卦与他的"天道、地道、人道"思想相结合，潜心研究演绎成后天八卦，进一步推演为六十四卦，并对每卦和每爻，按照象数的内涵和有关缘由，分别配以具有吉、凶、悔、吝含义的卦辞和爻辞。"群经之首"的《周易》就这样诞生了。

八卦代表世间万物的八种基本物质，但具体事物则是无穷无尽的，不可能只有八种，故而"八卦小成"不能反映复杂的变化。"引而伸之，触类而长之"，"因而重之，爻在其中矣"，就是八卦的每一卦都与另一卦相叠加，遂成八八六十四卦，较为全面地反映宇宙间不同的复杂变化。这便是历史上著名的"文王拘而演周易"的故事。

"文王"的称呼是在推翻商朝建立周朝以后才有的。当时姬昌的儿子姬发建立周朝后自称为"周武王"，追封姬昌为"周文王",后人为纪念西伯侯姬昌,在羑里城遗址上建起了"文王庙"。

(二)《周易》简介

《周易》是中国乃至世界公认的哲学宝典,其哲学思想博大精深,而其精髓是"变",即发展。体现"变"的基本原理有四:第一,以"一阴一阳之谓道",点明了世间万物的对立统一关系,"道"即规律。第二,以"易穷则变,变则通,通则久"来强调变易。一部《周易》以阴阳对立为基石、以变易为核心,二者组成《周易》的思想基础,是《周易》的灵魂,对中国社会科学和自然科学的发展起到了一定的推动作用。第三,"生生之谓易"的基本原理,为后世老子"道生一,一生二,二生三,三生万物"之摇篮,充分说明《周易》强调新生、新兴。第四,"仰则观象于天,俯则观法于地;近取诸身,远取诸物",体现了《周易》的宇宙观是唯物的,是以不断变动的天地和万物为本源的,而且其认识论也是唯物的,是从实践出发的。

《周易》是在伏羲先天八卦的基础上创立起来的,他将"太极生两仪,两仪生四象,四象生八卦"的理念继续延伸,将八卦重叠为六十四卦。这种以数学二进制表达二元数序的模式,在新疆特克斯县八卦城得到了独一无二的、最大规模的、最完整的体现。

先天八卦　　**后天八卦**

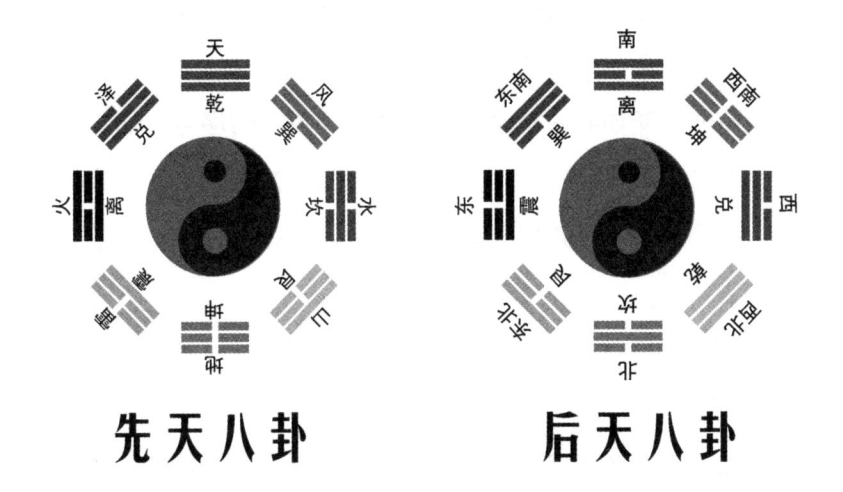

　　八卦城的街道布局是用后天八卦方位设置的，最中心的地方是一环路，一环路内是太极坛，一环路外放射出八条大街，并以后天八卦依次命名为乾街、坎街、艮街、震街、巽街、离街、坤街、兑街，并顺着八卦方向，每隔三百六十米增加一个环道，共有五环。在每增加一个环道的同时，街道的数量翻一番，即一环放射出八条街，二环放射出十六条街，三环放射出三十二条街，四环放射出六十四条街。

　　这种以周易文化为基础建设的县城，与美丽富饶、广阔无垠的天山脚下边疆少数民族创建的草原文化日月合璧、相映生辉，成为全国乃至中亚地区璀璨耀眼的东方文化明珠。它是一部有形的《周易》、立体的《易经》。

　　《周易》共六十四卦，每卦的内容包括卦名、卦象、卦辞、爻题、爻辞。形象地说，六十四卦的卦名如同一书的六十四章，卦象如同每章的序号，卦辞如同每章的主要内容简介，每卦六爻如同六个小节，爻题如同每节的序号，爻辞如同每节的具体内容。六十四卦共三百八十四爻，但为首的乾、坤两卦各多一条用九和用六，所以共有三百八十六条具体内容。

（三）卦象构成

将八卦卦象两两相重，构成了《周易》六十四卦的卦象。为了区分八卦和六十四卦，古人称八卦为"经卦"，称六十四卦为"别卦"。因此，任意两个经卦相重叠可以得一别卦，六十四卦是由八个经卦相重而成。故从卦象看，一别卦由两个经卦组成：居下部分称内卦（又称下体），居上部分称外卦（又称上体）。

八卦代表着最基本的八种自然物：乾为天、坤为地、震为雷、巽为风、艮为山、兑为泽、坎为水、离为火。

为了记住六十四卦卦象，以两个经卦卦象称呼一别卦。如："天地否"可看成由"天""地"组成的卦象，称为"否卦"，即乾卦在上坤卦在下。"天山遁"可看成由"天""山"组成的卦象，称为"遁卦"，即乾卦在上艮卦在下。

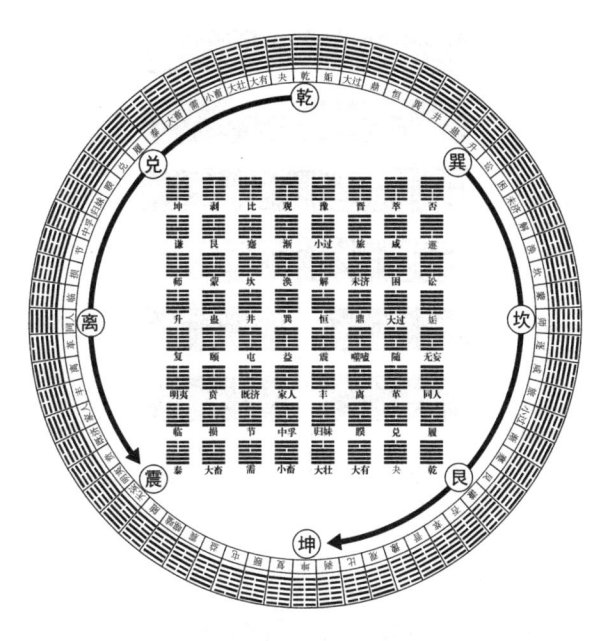

六十四卦方圆图

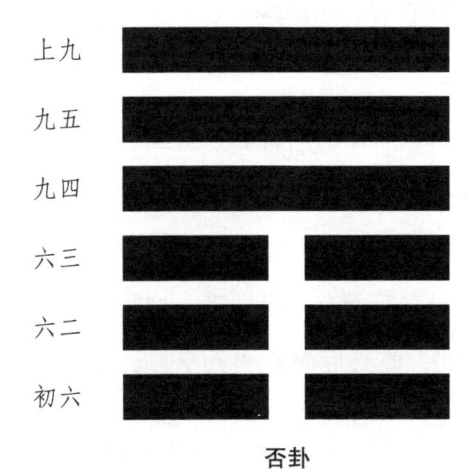

上九	
九五	
九四	
六三	
六二	
初六	

否卦

《周易》文化简说

011

```
上九 ▬▬▬▬▬
九五 ▬▬▬▬▬
九四 ▬▬▬▬▬
九三 ▬▬▬▬▬
六二 ▬▬ ▬▬
初六 ▬▬ ▬▬
```

遁卦

（四）《周易》每一卦的组成

《周易》中每一卦除了卦象（符号）外，还有卦名、卦辞、爻辞，按照先后次序，《周易》每一卦由四部分组成。

1. 卦象（卦的符号） 由六个爻组成，如乾卦就由六个阳爻组成☰。

2. 卦名 在卦象后面的叫卦名，如☰，乾就是卦名，卦名是对卦象最简要的说明，它是这个卦的主题。乾卦的卦象六爻皆为阳，故乾有刚健之义。

3. 卦辞 在卦名后面有一段文字，这段文字叫卦辞，卦辞是对每卦的说明。乾卦后面有"元亨，利贞"四个字，就是乾卦卦辞。咸卦后面有"亨，利贞，取女吉"的文辞，此为咸卦卦辞。

4. 爻辞 一卦共六爻，即由六个符号组成，每爻都有一层意思，表达这个意思的文辞叫作爻辞，每卦共有六条爻辞。

在爻辞左侧的序号叫爻题，若为阳爻依次为：初九、九二、九三、九四、九五、上九；若为阴爻依次为：初六、六二、六三、六四、六五、上六。"九"代表阳爻，六代表阴爻。以乾卦为例：

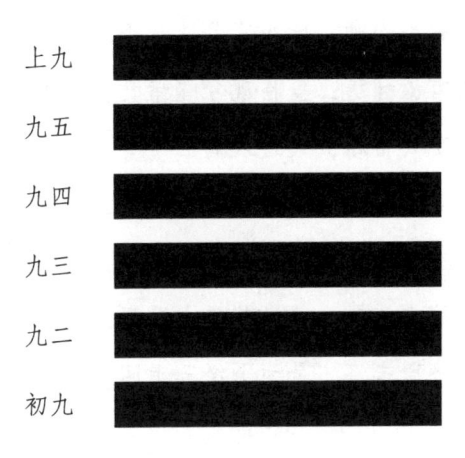

上九 ▬▬▬▬▬▬
九五 ▬▬▬▬▬▬
九四 ▬▬▬▬▬▬
九三 ▬▬▬▬▬▬
九二 ▬▬▬▬▬▬
初九 ▬▬▬▬▬▬

乾	元亨，利贞。	（乾卦卦辞）
初九	潜龙，勿用。	（初九爻辞）
九二	见龙在田，利见大人。	（九二爻辞）
九三	君子终日乾乾，夕惕若厉，无咎。	（九三爻辞）
九四	或跃在渊，无咎。	（九四爻辞）
九五	飞龙在天，利见大人。	（九五爻辞）

上九　亢龙，有悔。　　　　　　（上九爻辞）
用九　见群龙，无首吉。　　　　（用九爻辞）

（五）卦序歌、卦象歌

卦序指六十四卦排列的顺序，为了记忆，古人编了一首卦序歌。卦序歌曰：

乾坤屯蒙需讼师，比小畜兮履泰否，
同人大有谦豫随，蛊临观兮噬嗑贲，
剥复无妄大畜颐，大过坎离三十备。
咸恒遁兮及大壮，晋与明夷家人睽，
蹇解损益夬姤萃，升困井革鼎震继，
艮渐归妹丰旅巽，兑涣节兮中孚至，
小过既济兼未济，是为下经三十四。

八卦卦象歌曰：

乾三联　　坤六断　　震仰盂　　艮覆碗
离中虚　　坎中满　　兑上缺　　巽下断

☰　　　☷　　　☳　　　☶
天乾　　地坤　　雷震　　山艮

☲　　　☵　　　☱　　　☴
火离　　水坎　　泽兑　　风巽

《周易》六十四卦的排列，有着内在的根据，按照古人的说法，这种排列反映了世界产生、发展、变化的过程，以乾、坤为首，象征着世界万物开始于天地阴阳。乾为阳，为天；坤为阴，为地。乾坤之后为屯、蒙，屯、蒙象征着事物刚刚开始，处于蒙昧时期。上经终于坎、离，坎为月，离为日，有光明之义，象征万事万物活生生地呈现出来。

下经以咸、恒为始，象征天地生成万物之后，出现人、家庭、社会。咸为交感之义，指男女交感，进行婚配。恒，恒久，指夫妇白头偕老。社会形成以后，充满矛盾，一直到最后为既济、未济。既济，指成功、完成。未济表示事物发展无穷无尽，没有终止。《周易》的作者力图使六十四卦排列符合人生和社会发展过程。

但是这种排列并不是唯一的。1973年在湖南长沙市东郊的马王堆汉墓中发现了写在帛上的《周易》，叫帛书《周易》。帛书《周易》排列完全不同于今本《周易》，它是按照八卦相重的原则，把《周易》六十四卦分成八组，叫八宫，六十四卦分属于八宫。

事实上，文王演卦而作"卦辞"，他的儿子周公又延续文王的思想而发扬扩充之，便著了"爻辞"。但根据古代宗法的观念，父子相从，因此三圣（伏羲、周文王、孔子）之中便不提周公了。

文王、周公用六爻卦作为"宇宙"符号，并用极其简练的语言对"易"的思维模式进行表达,这确实十分珍贵。文王六十四卦的建立,是对伏羲八卦的发展,他的思想已经由"天人相应",演变成对人类社会发展的关注和诠释,天地一体、矛盾对立统一、"象"的思维形式等依然贯穿《周易》的始终。

三、孔子及《易传》简介

(一)孔子简介

孔子(前551—前479),春秋末期思想家、政治家、教育家,儒家学派的创始人。因父母曾为生子而祷告于尼丘山,故名丘,字仲尼。鲁国陬邑(今山东曲阜东南)人。

他一生主要从事教育及古代文献整理工作,培养弟子三千余人,身通六艺(礼、乐、射、御、书、数)者七十二人。在教学实践中,总结出一整套教育理论,如因材施教、学思并重、举一反三、启发诱导等教学原则和学而不厌、诲人不倦的教学精神,以及"知之为知之,不知为不知"和"不耻下问"的学习态度,为后人所称道。他老而喜《易》,曾达到"韦编三绝"的程度,并为《周易》作了"传",后人称为《易传》。

(二)"易"哲学思想的确立——孔子作"传"

"传"共有《彖·上》《彖·下》《象·上》《象·下》《文言》《系辞·上》《系辞·下》《说卦》《序卦》《杂卦》十篇,被后人称为"十翼",它是对《周易》古经的解释。

《史记》中记载:孔子"……读《易》,韦编三绝。曰:假我数年,若是,我于《易》则彬彬矣"。司马迁是一个严谨的史学家,从上面的话中,我们也可看到,孔子对于《易》的喜好。他读《易》时,由于长期反复的阅读该竹简,将编串竹简的皮条绳多次磨断,所以形成了后来的成语"韦编三绝"。

根据传统说法,"十翼"系孔子所作。这种说法最初源于《史记》与《汉书》。《史记·孔子世家》:"孔子晚而喜《易》,《序》《彖》《系》《象》《说卦》《文言》。"《汉书·艺文志》:"文王……作上下篇,孔氏为之《彖》《象》《系辞》《文言》《序卦》之属十篇。"《易传》是解经之作,旨在解释《周易》的要言大义,因为它们犹如《周易》之羽翼,又恰好是七种十篇,故称"十翼"。

《文言》是"十翼"中的一种,其旨在解说《乾》《坤》两卦,故又称《乾文言》《坤文言》。《乾》《坤》两卦是整个六十四卦的纲,又恰好代表了阴阳五行中的阳、阴,因此《文言》便是对天地之道加以详尽的说明。

《象传》是分别对六十四卦卦辞的具体解释,有时则是为了揭示该卦的主题。六十四卦分为上下两部分，因此《象传》也分为上、下两篇。

《象传》按照上下经的划分，亦分为上、下两篇。象辞旨在分析讲说卦、爻辞的象征意义。还有一种分法是根据释卦辞还是释爻辞而划分的，其中，专门释六十四卦卦辞者，被称为《大象传》，专门释三百八十四爻爻辞者，被称为《小象传》。

《系辞传》之所以分为上、下两篇，主要是因为篇幅较长，分成上下两部分更能使眉目清楚。《系辞传》是有关《周易》全书宗旨的一篇系统、详尽的通论。《系辞传》不仅提出了对《周易》作者和成书年代的推测，还讲了筮法，以及阐发了《周易》的微言大义，并举例解释了部分爻辞的象征意义。

《说卦》是阐述八卦取象的专论。《说卦传》详细阐述了"先天八卦""后天八卦"的两种不同方位，又重点说明了八卦所代表的基本物象以及所象征的人和事物。《周易》是以象征手法来表达其哲学内容的，不明白其象征意义，则无法揭示其规律和内涵。

《序卦》主要讲的是六十四卦的次序，以及他们之间的关系。《序卦》分为两段，上段讲上经三十卦之次序，下段讲下经三十四卦之次序。全篇虽然未出现乾、坤两卦卦名，但皆以天、地代之。

《杂卦》是《序卦》的姊妹篇。《杂卦》虽然也讲六十四卦，但它将六十四卦的原有次序打乱，并两两一组，分为三十二组，然后用极精练的语言来解释卦义。这种将六十四卦两两相对的排列，反映了《周易》作者的辩证统一思想，是古代哲学思想的精华。

"十翼"是讲解周易古经的权威著作，可以看作是先秦集《周易》研究大成的重要哲学成果。《周易》古经有了"十翼"以后，等于有了一把开启神秘殿堂的钥匙。孔子拨开了《易》表面的卜筮现象，透过"数"寻求对客观事物发展规律的把握，这就是孔子说的"幽赞而达乎数"，用"数"去形成自己的德和理想，即所谓"明数而达乎德"。孔子把"易"与自己的思想结合起来，形成形而上的哲学思想，故而《易传》被看作是认识世界万物本质及其变化规律的"义理"。

《易传》的最大贡献就是它将卦象所蕴含的思想，做了哲学挖掘，完成了伏羲、文王在"易"思想上的发挥和升华。

四、《易经》的相关知识

（一）《易经》和《周易》《易传》的关系

由于古代交通不便、信息闭塞，各种文字记载不统一、不规范，造成各种版本的《周易》及解读有所不同，众说纷纭，至今也没有一个权威的统一说法。

有人说《易经》包含《连山易》《归藏易》和《周易》；也有人说《易经》包含《周易》和《易传》；还有人说《周易》包含《易经》和《易传》。

《周易》的智慧每一个人都可借鉴，但不可能每一个人都成为研究《周易》的学者、专家，因此，为了《周易》的推广和应用，更为了读者一看就懂，经笔者多方研究和广泛征求意见认为，由于《连山易》和《归藏易》已经不复存在，那么再说《易经》包含《连山易》《归藏易》和《周易》已经没有实际意义，因此《易经》应包含《周易》和《易传》两部分内容较为合理。《周易》或《周易古经》是指"文王拘而演《周易》"的内容，包括后来他的儿子周公补充的爻辞内容。《易传》是指孔子及其弟子解读《周易》的内容。

（二）什么叫"道"

"道"是中国哲学的一个重要概念。首先"道"是规律，它包含自然规律和社会规律；其次"道"是过程，它是对万事万物发展过程的高度抽象和概括；再次"道"是本原，它是天地万物之母，"无"和"有"都来自"道"，是"道"不同角度的名称；最后"道"是法则。

"道"这一概念在《周易》里就已出现，如：履卦有"履道坦坦，幽人贞吉"，随卦有"有孚在道，以明，何咎"，在《易传》里有"一阴一阳谓之道"等。

（三）太极和太极图

1. 太极

太极是什么？太极是天地最初形成的状态，也可以说是万物最初的形态。万物的变化起源于太极，太极是万物变化的根本。

在《周易》卦爻系统中，从存在论的角度看，世界上每一事物都有太极；从生成论上说，太极是宇宙的起点。《系辞·上》说："易有太极，是生两仪，两仪生四象，四象生八卦，八卦定吉凶，吉凶生大业。"这句话的意思是说，变化首先从太极开始，太极在变化中产生天地两仪，天地在变化中产生出少阳、老阳、少阴、老阴四象，用四季表示就是春、夏、秋、冬四季。四象在变化中产生出八卦，八卦在变化中衍生出六十四卦及三百八十四爻，这六十四卦与三百八十四爻中包含着吉凶的信息。人们根据卦与爻的变化可以得出趋吉避凶的规律。

2. 太极图

太极用图表示出来，就是阴阳"太极图"，一条流动的曲线中分一圆，一半为白（阳），一半为黑（阴），有若鱼形，又称"阴阳鱼"。可以说宇宙起源于浑沌未分的元气，元气蕴含生机，化为阴阳二气，阳气轻上升为天，阴气重浊下降为地，此谓开天辟地。

太极图含有重要的哲学智慧：一是它告诫人们任何事情都是矛盾的、都是一分为二的、都分阴阳两面，有阴必有阳、有阳必有阴，有矛必有盾、有盾必有矛的。

二是它告诉人们任何事情都不是绝对的，阴中有阳，阳中有阴，黑鱼（阴）的中间是白眼睛（阳），白鱼（阳）的中间是黑眼睛（阴）。

三是它告诉人们任何事情都是发展的、变化的，在白色的阳鱼增加的时候，黑色的阴鱼在减少。反之在黑色的阴鱼增加的时候，白色的阳鱼在减少。

四是任何事情都是物极必反的、相生相克的，恰如"否极泰来"和"泰极否来"。阳鱼增加到极点的时候阴鱼就出来了，反之阴鱼增加到极点的时候阳鱼就出来了。

(四) 阴阳

"阴阳"是中国古代文明对蕴藏在自然规律背后的、推动自然规律发展变化的根本因素的描述,是各种事物孕育、发展、成熟、衰退直至消亡的原动力,是奠定中华文明逻辑思维基础的核心要素。

阴阳是中国哲学的一对基本范畴。在中国古代,阴阳最初指日光的向背。古代思想家看到一切现象都有正反两方面,就用阴阳这个概念来解释自然界两种既对立又互相消长的矛盾。如动的、热的、向上的、明亮的、强壮的为阳;静的、冷的、向下的、晦暗的、虚弱的为阴。古人把阴阳交替看作宇宙的根本规律,也用来说明上下、君臣、君民、夫妻等相互关系。

阴阳理论已经渗透到中国传统文化的方方面面,包括宗教、哲学、历法、中医、书法、建筑、堪舆等。

阴阳是《易经》的基础概念之一,它贯穿《易经》的始终。它具有三个特点:阴阳相冲、阴阳对立统一、阴阳相互转换。

《周易》智慧与鉴用

乾　卦

智慧精华　如何树立自强不息的精神，正确把握自己所处的"时"和"位"？

《易传》曰："天行健，君子以自强不息。"该卦告诉我们，干事业的人既要有努力向上、永不停息的奋斗精神，同时又要时刻把握好自己所处的"时间、空间、位置、条件"而随机应变，要与时偕行，才能实现"飞龙在天"的目标。请看乾卦"贞下起元，自强不息"的智慧与鉴用。

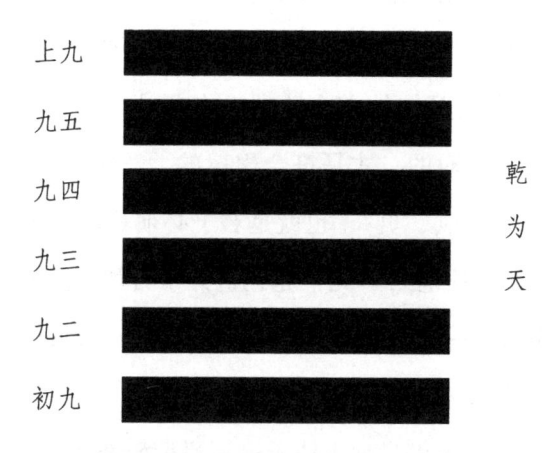

卦象

```
上九  ▬▬▬▬▬
九五  ▬▬▬▬▬
九四  ▬▬▬▬▬    乾
九三  ▬▬▬▬▬    为
九二  ▬▬▬▬▬    天
初九  ▬▬▬▬▬
```

经文		成语解卦	
乾：	元亨，利贞。	贞下起元	自强不息
初九	潜龙，勿用。	潜龙伏虎	藏器待时
九二	见龙在田，利见大人。	龙德在田	将伯之助
九三	君子终日乾乾，夕惕若厉，无咎。	朝乾夕惕	与时偕行
九四	或跃在渊，无咎。	进德修业	乘时乘势
九五	飞龙在天，利见大人。	飞龙在天	云行雨施
上九	亢龙，有悔。	自高自大	亢龙有悔
用九	见群龙，无首吉。	群龙无首	各尽所能

卦爻辞释义及智慧鉴用

卦辞 元亨，利贞。

释义 一开始就通达，宜于干事业。

智慧鉴用 本卦讲的是干事业的方法，告诉我们每一个人从参加工作到退休的六个阶段，在每个阶段中应该干什么，怎样干才是对的，才是符合规律的。"乾卦"卦辞告诉我们"元、亨、利、贞"，也就是君子必须具备的四种品德。

"元者善之长也"，"元"是创造万事万物的开始，因此，这时您一定要有一个近期、中期和远期的人生目标，为完成这个目标，还要有具体方法和完善的措施，并要长期坚持，要努力向上、永不停息地围绕着这一目标而奋斗。

"亨者嘉之会也"，要使自己的目标亨通、顺利地实现，做事就要"足以合礼"，也就是要按一定的礼仪、规矩、制度去做，要讲诚信、多做善事，要阴阳和合，做到上下交流、左右沟通，只有这样才能亨通顺利。

"利者义之和也"，最大的"利"是"各正性命"，世界万物都将走向成熟，万物各有各的性命，各有各的存在价值，各有各的位置，各得其正。在利益面前首先要考虑到义，符合义的就取，不符合义的不义之财就坚决不受。

"贞者事之干也"，"贞"是正固、坚定、诚信、保持。一时的"元亨利"是容易的，但要长久的"元亨利"则有难度。只有持之以恒，坚定信念，保持诚信才能善始善终，才能实现"保合太和,持盈保泰"的状态。

人类的事业永远不会一劳永逸,它是一个循环往复、周流不息的过程。在这个过程中有顺畅、有曲折,有成功和失败之分。我们需要顺畅和成功,那么我们就要像天体运行一样刚健有为、永不停息。该卦的重点是告诉我们每一个人,只有奋斗才能有收获,天上永远不会掉馅饼。它是一个"贞下起元,自强不息"的奋斗过程。

爻辞　初九　潜龙勿用。

释义　潜伏的龙,不可妄动。

智慧鉴用　该爻《易传》解释为:"不易乎世,不成乎名,遁世无闷。"意思是说:这个时期不要因世俗的成见而改变志向,不要计较功名,隐居起来也不要感到苦闷。

也就是说,当一个人刚参加工作或者是从一个岗位调到另一个新岗位时,各方面能力还不足,这时不要贸然行动,要专心修炼,等待时机。这个阶段就是要"潜龙勿用",要少说话、多干事,要谦虚做人、谨慎做事,要多观察、多学习,要尊重领导、长者和同事,决不能趾高气扬、目中无人,而是要把自己应做的事情处理得井井有条。一定要做到"潜龙伏虎,藏器待时"。

爻辞　九二　见龙在田,利见大人。

释义　龙现于田野，宜出现大人。

智慧鉴用　该爻《易传》解释为："君子学以聚之，问以辨之，宽以居之，仁以行之。"意思是说：在这个时期，君子应通过学习来积累知识，通过诘问来辨明是非，用宽容来静心，用仁义来行事。

当您通过一段时间的学习锻炼和修身养性，积累了一定的工作经验和专业知识，这时您要"见龙在田，利见大人"，就是要不失时机地发挥自己应有的作用，要在适当的时间、地点表现自己的能力；同时要寻求一位或多位德高望重之人，作为自己的老师、智库和后盾，以得到他们的指导、推介和帮助，使自己在业务能力和职务上有所进步，所以叫"龙德在田，将伯之助"。

爻辞　九三　君子终日乾乾，夕惕若厉，无咎。

释义　君子整日勤奋，从早到晚戒惧小心，无灾。

智慧鉴用　该爻《易传》解释为："君子进德修业。忠信，所以进德也；修辞立其诚，所以居业也。是故居上位而不骄，居下位而不忧。"意思是说：君子应当讲究品德和增进学业，要以忠信来培养品德，以修饰言辞来建立诚信，这是操持事业的根本。只有这样才能做到身居高位而不骄傲，身居低位而不忧愁。

这个时候您的事业小有成就，您要"终日乾乾，夕惕若厉",也就是白天您要尽心尽责、兢兢业业地干工作。但到了晚上,您还要认真回想思考这一天来的功过得失,要"一日三省吾身",认真分析所做过的事,哪些是对的,哪些是错的,对的第二天就大胆地继续做,错的就要及时纠正和改进,同时还要根据事情发展变化的实际情况,适时地做好调整和变通,要有危机感和紧迫感。这就是"朝乾夕惕,与时偕行"的智慧。

爻辞 九四 或跃在渊,无咎。

释义 (龙)或跃上天空,或停在深渊,无灾。

智慧鉴用 该爻《易传》解释为:"上下无常,非为邪也。进退无恒,非离群也。君子进德修业,欲及时也。"意思是说:贤人的上升或下降,居高位或处低位,是常常变化的,这并不是出于邪念。他的进取或隐退不是恒定的,也没有一定的规律,这种进退要以当时的形势而定,并不是爱离群独居的缘故。君子要进步,一定要审时度势,与时俱进。

当您在事业即将成功的关键时刻,要做好两方面准备,进可成功,退可保身。在事业稳步推进,各方面都取得了让领导和群众比较满意的成绩,并在同级别的同事中出类拔萃时,您就到了"或跃在渊,无咎"的时段了,那么您就可以乘势竞争更重要或更高级别的岗位了。如果竞争成功了,那是组织的培养、群众的推荐、自己多年努力的结果;竞争失败了也没有什么过错。如果失败了，就应该遵循"见善则迁、有过则改"的原则，认真总结经验和教训，及时学习别人的长处，改正自己的不足，继续做好本职工作，并保持自己的激情与活力，用积极的心态等待下一次机会，天道酬勤是永恒的法则。这时绝不能怨天尤人、破罐子破摔，而更需潜修德业。这就是"进德修业，乘时乘势"的智慧。

爻辞　九五　飞龙在天，利见大人。

释义　龙飞上天，宜出现大人。

智慧鉴用　该爻《易传》解释为："夫'大人'者，与天地合其德，与日月合其明，与四时合其序，与鬼神合其吉凶。先天而天弗违，后天而奉天时，天且弗违，而况于人乎？况与鬼神乎。"意思是说：处于九五至尊的有德之人，德行要像天地一样覆盖万物，圣明要像日月那样普照大地，进退要向四季交替一样井然有序，吉凶要与鬼神的吉凶契合，先于天象而行动，但却不违背天道；后于天象而处事，仍能奉行天道运行的规律。"大人"尚不违背上天，更何况普通人呢？

这是事业的顶峰阶段，人的实力和修为都达到了一定程度，可以大展宏图了。如在职场，会升至"九五之尊，飞龙在天"的位置。当位高权重、一言九鼎时，您必须多到基层去走访调研，了解单位的实际情况；要随时掌握国内外和本行业的政治经济信息，并认真分析判断；遇到重要事情要多与班子成员、专家学者沟通交流，及时解决问题，避免推诿扯皮、久拖不决；做重要决策时要实行民主，决不能刚愎自用，更不能搞一言堂，常言道"兼听则明"，要多做对国家、对社会、对单位有益，让群众满意之事。这就是"飞龙在天，云行雨施"的智慧。

爻辞 上九 亢龙，有悔。

释义 龙飞得过高则有悔。

智慧鉴用 该爻《易传》解释为："亢之为言也，知进而不知退，知存而不知亡，知得而不知丧。其唯圣人乎？知进退存亡而不失其正者，其唯圣人乎。"意思是：如果一个人的权力高到极点且不受制约，他只知道进取，而不知道隐退；只知道生存，而不知道终将衰亡；只知道获取而不知道舍弃。大概只有圣人才明白这些道理吧！那些深知进取、隐退、生存、灭亡的道理，而又不偏失正道的人，难道不就是我们所称赞的圣人吗？

该爻是讲，人到了自己的最高阶段，按照规律就会物极必反、由盛转衰，该走下坡路了。这时一定要谨慎，如果您身居要职且刚愎自用，不民主、不兼听，不深入调查了解，草率决策，随意拍板，那么您肯定会"亢龙有悔"，做出对单位、对群众、对社会有害之事，到时候再后悔也来不及了。这就是"自高自大，亢龙有悔"的教训。

爻辞　用九　见群龙，无首吉。

释义　呈现群龙，无首领吉。

智慧鉴用　该爻《易传》解释为："用九，天德不可为首也。""乾元'用九'，天下治也。"意思是：天之宏德也并非永居首位。天有原始之德而运用阳九的变化，说明天下大治势所必然。

在《周易》的"乾卦"和"坤卦"里，周文王加了"用九"和"用六"两个解释，以突出这两卦的重要性和特殊性。那么"用九"，"见群龙，无首吉"是什么意思呢？是指当社会达到一定的高级阶段，天下大同，世界太平，再不是某一个或几个国家称王称霸。全世界国与国之间、社会上人与人之间都是平等的。每个人都能根据自己的能力，尽心尽责去干好自己应该干的工作，大家需要什么就取什么。用现在的话解释"用九"，也就是达到了我们所向往的"各尽所能、按需分配"的共产主义社会了。

坤 卦

智慧精华　如何修养海纳百川、厚德载物的优良品德？

《易传》曰："地势坤，君子以厚德载物。"一个人的成功与高尚的品德密不可分，唯有修养自己高尚的品德，做到宽容、大度、柔顺、海纳百川，才能实现"佩紫怀黄，吉祥止止"的目标。请看坤卦"百世之利，厚德载物"的智慧与鉴用。

卦象

上六	▬▬　▬▬
六五	▬▬　▬▬
六四	▬▬　▬▬
六三	▬▬　▬▬
六二	▬▬　▬▬
初六	▬▬　▬▬

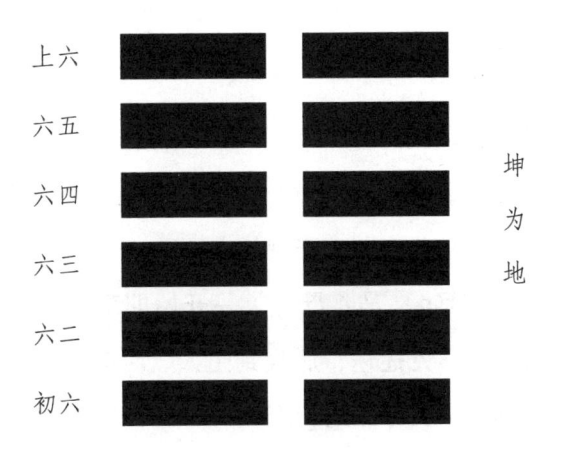

坤为地

经文	成语解卦
坤：元亨，利牝马之贞。君子有攸往，先迷后得主，利。西南得朋，东北丧朋。安贞，吉。	大雅君子　厚德载物
初六　履霜坚冰至。	履霜坚冰　积善余庆
六二　直、方、大，不习，无不利。	直内方外　弘毅宽厚
六三　含章可贞。或从王事，无成，有终。	含章挺生　善始善终
六四　括囊，无咎，无誉。	韬光隐晦　无咎无誉
六五　黄裳元吉。	佩紫怀黄　吉祥止止
上六　龙战于野，其血玄黄。	亢极之悔　龙战玄黄
用六　利永贞。	百世之利　永世无穷

卦爻辞释义及智慧鉴用

卦辞　元亨，利牝马之贞。君子有攸往，先迷后得主，利。西南得朋，东北丧朋。安贞，吉。

释义　牝（pìn）马：母马。一开始即亨通，利于乘雌马，君子有所往，先迷途，后找到主人。西南得到朋友，往东北则丧失朋友。安守正道，吉。

智慧鉴用　该卦《易传》解释为："至哉坤'元'，万物资生,乃顺承天。坤厚载物,德合无疆。含弘光大,品物咸亨。'牝'马地类,行地无疆,柔顺'利贞'。"意思是说:广阔无垠的大地是生成万物的根源,万物都靠她成长,她柔顺地秉承天道的法则。大地深厚且载育着万物,她的功德广阔无穷。她蕴藏了弘博、光明、远大的功能,使万物都顺利地成长。雌马属地上走兽,具有在大地上无限奔驰的能力,它的性情温柔、祥和,有利于守持正道。

意思是大地生育抚养万物,而又依天顺时,性情温顺。人要像大地一样,顺时顺势,才能把握正确方向,遵循正道,获取吉利。这就是"大雅君子,厚德载物"的智慧。

爻辞 初六 履霜坚冰至。

释义 当您脚下踩到秋霜时,便应该想到冬天已经不远了。

智慧鉴用 该爻《易传》解释为:"积善之家必有余庆,积不善之家必有余殃,臣弑其君,子弑其父,非一朝一夕之故。其所由来渐矣,由辨之不早辨也。"意思是:修积善行的人家,必定有很多吉庆;累积恶行的人家,必然留下很多的祸殃。凡是臣下杀死君王,儿子刺杀父亲,这都不是一朝一夕偶然产生的,而是日积月累逐渐演变而成的,是由于君王、父亲们没能洞察和处理好早就出现的矛盾。

该爻比喻任何事情都有一个积累的过程,做人不要"以恶小而为之，以善小而不为"，这就是"履霜坚冰，积善余庆"的哲理。

爻辞 六二 直、方、大，不习，无不利。

释义 平直、方正、辽阔是大地固有的品行，非关练习，以此而无往不利。

智慧鉴用 该爻《易传》解释为："君子敬以直内，义以方外。敬义立而德不孤，'直、方、大，不习，无不利'，则不疑其所行也。"意思是："直"是说为人应品性纯正，"方"是指办事应合乎礼仪。君子以恭敬慎重的态度，作为内心的准则；以合乎礼仪的行为对待和处理外界事物。只有做到恭敬的态度和合适的处事，才能广布美德，得到众人的信任和支持。所以君子只有做到正直、端方、宏大，才有利于自己立身行事，成就一番事业。

做人要做一个柔顺、中正、有德的君子，要具有正直、端方、宽厚的德行，只有这样才能成为"直内方外，弘毅宽厚"的正人君子。

爻辞 六三 含章可贞。或从王事，无成，有终。

释义 含有美德可守正道。跟随君王，认真学习，用心做事，虽无成就，但会有好的结局。

智慧鉴用 该爻《易传》解释为："阴虽有美，'含'

之以从王事，弗敢成也。地道也，妻道也，臣道也。地道无成而代有终也。"意思是：阴柔固然是美德，但要含蓄隐藏。用以辅助君王事业时，不可以居功，这是大地的法则，臣属的原则。地道顺天道的法则表明了有成就而不居功，实际上是在时序的交替中延续天道，使事情达到预期的效果。

作为一个工作人员，要做到既具有蕴藏光美、彰昭的品德，又能固守正道，完成或超额完成自己的任务，并能做到功成不居、谦虚低调，这样才能实现"含章挺生，善始善终"的目标。

爻辞 六四 括囊，无咎，无誉。

释义 束扎口袋，无灾，但也无荣誉。

智慧鉴用 该爻《易传》解释为："天地变化，草木蕃，天地闭，贤人隐，《易》曰'括囊无咎无誉'，盖言谨也。"意思是：天地的自然变化，使一切草木茂盛繁衍。如果天地闭塞昏暗，那贤人能士都会隐退避世。《周易》说：将口袋收紧，虽然得不到赞誉，却可以免遭灾难，这是在说谨慎处事的道理。

用扎紧口袋比喻少说话、不张扬，虽没有荣誉，但也没有坏处。我们平日做事一定要谨守职业道德，敏于事而慎于言，不要张扬自己的才智，以免引起他人的猜忌和怀疑，这样做虽然得不到美好的名声，但也不会招来灾祸，这体现了明哲保身、但求无过的中庸思想,这是"韬光隐晦,无咎无誉"的智慧。

爻辞 六五 黄裳元吉。

释义 黄色的裙裤,大吉大利。

智慧鉴用 该爻《易传》解释为:"君子'黄'中通理,正位居体,美在其中。而畅于四肢,发于事业,美之至也。"意思是:君子应当具有像黄色中和般的美好品质,通情达理。应使自己处在正确的位置,将这种美德蕴存于心,自然畅达于四肢,从而发展事业,便达到了最高境界。

"黄裳"象征着人内在的美德,这里是说要修养自己内在美德,才是大吉大利的。一个人在鼎盛时期,更应该保持本色、守持中道,更应该谦和随顺,则可至善而大吉,以至达到"佩紫怀黄,吉祥止止"的目标。

爻辞 上六 龙战于野,其血玄黄。

释义 龙在大地上争斗,血流遍野。

智慧鉴用 该爻《易传》解释为:"隐凝与阳必'战',为其兼于无阳也,故称'龙'焉。犹未离其类也,古称'血'焉。夫'玄黄'者,天地之杂也,天玄而地黄。"意思是:阴达极盛近似于阳时,必会引起争战。这是因为阴气发展达于极盛,好像阳已经不存在了,所以上六爻辞称龙;

而阴并未曾离开同类，所以上六爻辞中又称代表阴柔之血。所谓天地玄黄，是指天地争战中混合的色相：天为青苍的黑色，而大地本来就是黄色。

用龙在大地上争斗，比喻人走到了穷困的绝境。任何事情物极必反，如果一个人在鼎盛时期不注重自身修养，反而变得刚烈和冒进。不按规律办事，那肯定会招致内外矛盾、两败俱伤，使好事变成了坏事。这就是矛盾的对立统一和相互转化的哲理，所以是"亢极之悔，龙战玄黄"的结果。

爻辞　用六　利永贞。

释义　利永远贞正，则德业广大。

智慧鉴用　"用六"告诉我们，如果一个人既能够以清静柔顺为本，又能柔能刚，有原则地顺从，才能永守正固之德，才能实现"百世之利，永世无穷"的目标。

屯 卦

智慧精华　如何渡过艰难困苦、万事开头难的起步阶段？

《易传》曰："君子以经纶。"在创业初期，举步维艰，这时一定要请一位德才兼备的长者做指导，帮助自己制定切实可行的发展规划。只有这样才能在艰难险阻、险象环生中求得成功，少走或不走弯路。请看屯（zhūn）卦"经天纬地，开物成务"的智慧与鉴用。

卦象

上六	▬▬　▬▬
九五	▬▬▬▬▬
六四	▬▬　▬▬
六三	▬▬　▬▬
六二	▬▬　▬▬
初九	▬▬▬▬▬

水雷屯

经文	成语解卦	
屯：元亨，利贞。勿用有攸往，利建侯。	通计熟筹	开物成务
初九 磐桓，利居贞，利建侯。	百折不挠	多谋善断
六二 屯如，邅如，乘马班如，匪寇婚媾。女子贞不字，十年乃字。	险象环生	十年磨剑
六三 即鹿无虞，惟入于林中，君子几不如舍，往吝。	即鹿无虞	创业维艰
六四 乘马班如，求婚媾，往吉，无不利。	服牛乘马	任重道远
九五 屯其膏。小，贞吉；大，贞凶。	厚积薄发	保业守成
上六 乘马班如，泣血涟如。	艰难险阻	叩心泣血

卦爻辞释义及智慧鉴用

卦辞 元亨，利贞。勿用有攸往，利建侯。

释义 开始即通达、适宜。不要有所前往，适宜加强内部的建章立制、人事管理工作。

智慧鉴用 此卦的意思是不要急于进行大发展，而是先要打好基础。屯卦的核心内容是：一个人在起步或创业之初，必然会经历艰难和困苦。虽然很艰难，但万物都在萌发，此时正是建功立业的大好时候，只要毅然前行，就希望无穷。所以这时要做好近期、中期和远期的计划，要围绕着目标守正诚信、努力进取；要刚柔相济、择机而行；要戒骄戒躁、艰苦奋斗，万万不可轻易冒险。总之，屯卦的主要意思就是，在创业初期就要"通计熟筹，开物成务"。

所以屯卦的六个爻辞就相当于告诉了我们创业时需要注意的六个事项。

爻辞 初九 磐桓，利居贞，利建侯。

释义 "磐桓"（pán huán）：来回不进。万事开头难，这时难免徘徊不前，但只要能守正不阿，仍然可建功立业。

智慧鉴用 在起步或创业初期，首先是积蓄元气，等待机会，尽管有很多艰难和困苦，但要坚持不懈，善于观察分析，及时抓住机会，这就是"百折不挠，多谋善断"的智慧。

爻辞 六二 屯如，邅如，乘马班如，匪寇婚媾。女子贞不字，十年乃字。

释义 邅（zhān）如：来回转的样子。因作难而团团转，乘马原地旋转而不前进。来人并非盗寇，而是求婚者，但女子贞静自守，不嫁人，十年后才答应嫁。

智慧鉴用 比喻要守持正固不急于做事，要耐心等候，守正待时，困难消除后才能前进。在创业初期，肯定会受到各方面的压力或诱惑，这个时候可能会困惑、犹豫，但一定不能屈服，要围绕着自己的目标，放远目光，坚持到底，这就是"险象环生，十年磨剑"的智慧。

爻辞 六三 即鹿无虞，惟入于林中，君子几不如舍，往吝。

释义 "即"指靠近；"鹿"为猎物；"虞"是预料、向导，是古代管理山林的官；"舍"同舍弃；"吝"有惜、恨、耻的含义。追鹿而没有虞官带领，进入森林之中，追鹿人就是不舍得放弃，再往前追就会有风险。

智慧鉴用 在创业过程中，由于缺乏经验，缺乏阅历丰富、德高望重的老师，往往会轻举妄动，使自己陷入孤立无援的困境，所以干事业一定要有向导、顾问或老师，要深入调查分析，认清当前形势，明辨是非曲直，克服重重困难，继续砥砺前行。这正是"即鹿无虞，创业维艰"的现实情况。

爻辞 六四 乘马班如，求婚媾，往吉，无不利。

释义 乘马盘桓不进，求婚配。前往吉祥，没有不利。

智慧鉴用 在创业过程中总会遭受挫折，俗话说："一朝被蛇咬，十年怕井绳。"经历过失败，总会在心理上投下阴影。这个时候需要做的是：首先不惧怕，其次是不要认为自己能力有限，而是要相信自己，勇敢地去面对，驾驭现实，克服目前所遇到的困难。迈过这个坎，就会迎来光明的前景。这就是"服牛乘马，任重道远"的道理。

爻辞 九五 屯其膏。小，贞吉；大，贞凶。

释义 膏，指肥肉。囤积美好的食物，囤积少，则吉；大量囤积，长期存放则凶。

智慧鉴用 在事业上取得一定成绩的时候，要用渐进的办法，使事业进一步扩大，要结合实际，总结经验和教训，稳扎稳打，绝不能贪大求快。因为根基不牢，周围仍然充满凶险，所以称之为："厚积薄发，保业守成。"

爻辞 上六 乘马班如，泣血涟如。

释义 乘马盘旋不进，哭得血泪涟涟。比喻初次受创，教训惨痛。

智慧鉴用 事业的初创期，肯定是困难的，这个时候一定要把握好方向，做好应对各种可能发生危险的预案，坚决不冒自己无法承受的风险，步步为营，只有这样才能趋利避害，获得更大的发展，否则会"艰难险阻，叩心泣血"。

蒙　卦

智慧精华　怎样使孩子德才兼备？孩子"困而不学"怎么办？

《易传》曰："君子以果行育德。"首先要培养孩子的优良品德和立即行动的习惯，做到不推、不拖、守时；激发孩子的学习动机，启发孩子主动求学，要掌握"教亦多术"的方法，才能实现"教学相长"的目标。请看蒙卦"蒙以养正，果行育德"的智慧与鉴用。

卦象

```
上九  ▬▬▬▬▬▬▬
六五  ▬▬   ▬▬
六四  ▬▬   ▬▬          山
六三  ▬▬   ▬▬          水
九二  ▬▬▬▬▬▬▬          蒙
初六  ▬▬   ▬▬
```

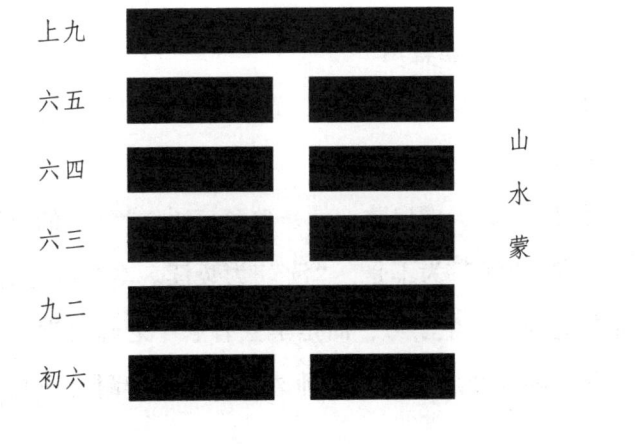

经文		成语解卦	
蒙：	亨，匪我求童蒙，童蒙求我。初筮告，再三渎，渎则不告。利贞。	蒙以养正	果行育德
初六	发蒙，利用刑人，用说桎梏以往，吝。	发蒙解惑	明刑弼教
九二	包蒙吉。纳妇吉，子克家。	不教之教	骥子龙文
六三	勿用取女，见金夫，不有躬，无攸利。	贤妻良母	整躬率物
六四	困蒙吝。	困而不学	教亦多术
六五	童蒙吉。	谆谆善诱	教学相长
上九	击蒙，不利为寇，利御寇。	果刑信赏	杜渐防萌

卦爻辞释义及智慧鉴用

卦辞 亨，匪我求童蒙，童蒙求我。初筮告，再三渎，渎则不告。利贞。

释义 "蒙"即启蒙，就是教育孩子。"亨"的意思是通达、顺利。"匪"为不是，"渎"为亵渎。本卦辞意思是说，并非是老师求学生学习，而是学生有求于老师要学习。当遇到一些问题或疑惑时，向老师请教，老师会耐心回答，但如果再三地没有礼貌地乱问，是对老师的亵渎，老师便不予回答，则利于守正道。

智慧鉴用 蒙卦是教育之卦，它强调教育要以学生为主体、以教师为主导的原则。早期教育的关键在于对孩子进行"养正"，并以培养学生的学习动机、激发学生主动求学、主动思考为原则。它紧扣"教"与"学"，阐释了《易》中朴素辩证的教育思想。

蒙昧未开的状态就是一种浑沌状态。无知无识，无私无欲，纯朴而厚道，是儿童的本来实相。只要加以正确引导教育，便会使其开明，具有智慧。但是，对孩子的教育指导，首先是要考虑教育时机，要激发起孩子的学习动机后才可施教。要启发学生主动求学，让学生明确是"我要学"而不是"要我学"的道理。这就是"匪我求童蒙，童蒙求我"的含义。

除了强调教育是师生的双边互动之外，卦辞里包含有"学而思"相结合的原则。强调遇事要多思、不可不动脑子就轻易发问。若不加思索，就难以巩固知识，形成此时问彼时忘的情景。这就是"初筮告，再三渎，渎则不告"的含义。值得注意的是，不可错误地将"求我"与"不求则不告"相提并论。这里的"求"，是强调学生学习要主动；这里的"不告"，是以"渎"为前提的，强调学生应该尊重老师。以培养学生勤学多思为出发点，这是与"学而不厌，诲人不倦"相一致的。

孔子曰:"不愤不启,不悱不发。举一隅而不以三隅反,则不复也。"这里的"愤"指学生想弄明白又弄不明白时的思维状态,老师只有到这个时候去开导他才合适。这里的"悱"指想说又说不清楚的学习情境,老师适时启迪开导,启蒙工作才可光大持久,卓有成效。总之,蒙卦的主要意义就是"蒙以养正,果行育德"。

爻辞 初六 发蒙,利用刑人,用说桎梏以往,吝。

释义 "发蒙"意思是启发和教育孩子;"刑"通型,刑人指典型的人或事;"说"通脱,指摆脱;桎梏(zhì gù):木制刑具,借指思想枷锁。该爻主要是论述如何利用典型材料、典型人物,潜心发蒙,而不可急于求进的教育规律。

智慧鉴用 教育蒙昧的孩子,就像植物的生长需要园丁的校正、修枝一样。同时要采用身边典型人物的良好行为作为规范,对其进行启迪和约束。如果不是这样加以警戒,而任其个性随意地发展,必定会有灾祸发生。这就是"发蒙解惑,明刑弼教"的道理。

爻辞 九二 包蒙吉。纳妇吉,子克家。

释义 包,指包含容纳。纳,是指纳进,这里是娶进的意思。克,是指能胜过原来。爻辞是说:包含容纳蒙昧的人，娶媳妇吉祥，儿子能比父亲把家庭治理得更好。

智慧鉴用 这一爻讲的是为人师表的师德修养，老师要以宽容的爱心启发孩子，能让孩子肃然起敬；家庭要相亲相爱、团结和睦、气氛宽松、尊老爱幼，要有浓厚的学习氛围。子女在这种和谐的家风中长大成人，自然会受到良好熏陶，成人后定能继承父志而成就事业。这就是"不教之教，骥子龙文"的智慧。

爻辞 六三 勿用取女，见金夫，不有躬，无攸利。

释义 不要娶这样的女子，见到严厉的、德高望重的老师不恭敬，娶她是没有任何好处的。

智慧鉴用 该爻主要讲的是对学生的思想教育问题。一个家庭，父母亲一定要温和而严格，一定要教育孩子尊师好学，许多家长只知"爱其子，择师而教焉"，而忽视"淫漫则不能励精，险躁则不能冶性"的训子名言。他们不是从严要求自己的子女，却什么事都怪老师，致使孩子从小就养成生活散漫、学习松懈、办事不认真的坏习惯。所以家庭要有"贤妻良母，整躬率物"的温馨气氛和表率作用。

爻辞 六四 困蒙吝。

释义 困在蒙昧之中，吝惜。

智慧鉴用 该爻主要讲的是教育要适时地设疑置困、启发学生积极思考和注意改善教育环境的重要性。这包括三个方面：一是教育的作用和意义，如果孩子天资不如人，又远离师道，无人开启教化，自然会有否吝之憾。二是教育的内容，要使孩子从小接受挫折教育，强调环境锻炼的重要性。三是教育的方式，在教育过程中，老师要置困设疑，才会调动学生主动思考的积极性，否则难以取得教育的良好效果。这就是"困而不学，教亦多术"的教育方法。

爻辞 六五 童蒙吉。

释义 孩童能受到良好的启蒙教育，吉祥。

智慧鉴用 该爻从教育学的角度看，它是在强调激发学生的爱好与兴趣，正如孔子所说："知之者不如好知者，好知者不如乐知者。"也就是说，作为教育者，要善于鼓励学生的求知欲，要寓教于乐，千万不可让他感到学习是一种沉重的负担，而产生厌学情绪，因为情商的开发远远高于智商的开启。许多学习成绩不好的孩子，绝大部分是因为自满或缺乏求知兴趣所致，所以教育孩子要有"谆谆善诱，教学相长"的智慧。

爻辞 上九 击蒙，不利为寇，利御寇。

释义 "击"是打或打击，体罚的意思。"寇"是盗贼，"御寇"是指去除盗贼，防止贼寇。本爻是指不能打孩子，不能把孩子当成贼寇,而要防止孩子做贼寇。

智慧鉴用 该爻讲的是作为老师,不能过于粗暴地体罚学生,不能将学生当作盗贼来对待,这是不利于学生身心健康发展的。若能谨慎地用其刚严,以适当的要求和惩戒,去除孩子违理悖道之心,这有利于防止孩子将来变坏。启蒙教育要及早实行,不要等到问题彻底暴露才开始教育,甚至打孩子,要防患于未然。同时不要把孩子当成不可救药的坏孩子,但一定要防止孩子往坏的方向发展,这是家长和老师共同的责任和义务。这就是"果刑信赏,杜渐防萌"的深刻道理。

总之,《周易·蒙卦》告诉我们:首先,教育孩子是"教"和"学"两个方面的事,教师是主导,学生是主体。其次,教育孩子不只是学校和老师的责任,父母的言传身教尤其重要,且言教不如身教。最后,教育要循循善诱,不能使用暴力。这三条在今天看来,仍然是重要的教育原则,值得我们采纳借鉴。

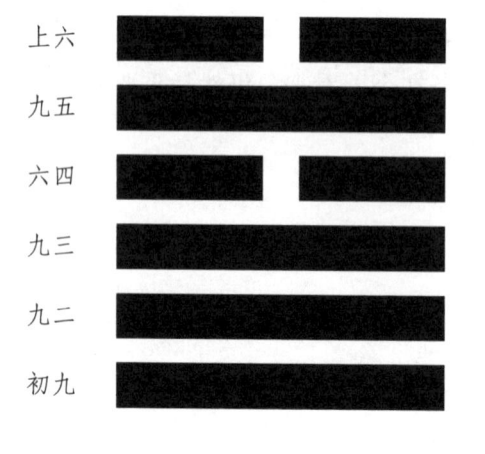

需 卦

智慧精华 知进而不知退，不会审时度势怎么办？

《易传》曰："君子以饮食宴乐。"在形势对自己不利之时，或条件不成熟时，需要等待时机。这时一定要广交朋友、搜集信息、慧眼明察、不怕艰难、隐忍待时定能走向成功。请看需卦"砥志研思，百虑一致"的智慧与鉴用。

卦象

上六　▬▬　▬▬
九五　▬▬▬▬▬
六四　▬▬　▬▬
九三　▬▬▬▬▬
九二　▬▬▬▬▬
初九　▬▬▬▬▬

水天需

经文	成语解卦
需：有孚，光亨，贞吉，利涉大川。	砥志研思　涉海登山
初九　需于郊，利用恒，无咎。	四郊多垒　百虑一致
九二　需于沙，小有言，终吉。	累土聚沙　不时之需
九三　需于泥，致寇至。	带水拖泥　赍粮藉寇
六四　需于血，出自穴。	需沙出穴　浴血奋战
九五　需于酒食，贞吉。	酒酣耳热　时清海晏
上六　入于穴，有不速之客三人来，敬之，终吉。	不速之客　敬而远之

卦爻辞释义及智慧鉴用

卦辞　有孚，光亨，贞吉，利涉大川。

释义　"有孚"就是有诚信；"光亨"指光明通达；"利涉大川"指利于长途跋涉，可以采取大动作。整体意思就是：有诚信，光明通达，坚守正道，就会很吉利。利于远涉，宜有大作为。

智慧鉴用　"需"是需待的意思。俗话说"人在屋檐下，不得不低头"，指的是识时务者为俊杰。世间一切事物都有其发展规律，在事态未明朗之前，或形势对己不利之时，一定要充满诚信而不急躁，要养精蓄锐，甚至忍辱负重，千万不可冒进。只要做到大丈夫处世能进能退、能刚能柔、能屈能伸、待时而进，最终必能致通而吉。这就是"砥志研思，涉海登山"的道理。

爻辞 初九 需于郊，利用恒，无咎。

释义 在郊野等待，适宜守常不动，没有灾难。

智慧鉴用 该爻主要讲在等待之初，不宜采取任何贸然行动，做无谓的牺牲，应该耐心冷静地等待。如果您缺乏耐心和恒心贸然前行，一定会铸成大错。这就是"四郊多垒，百虑一致"的道理。

爻辞 九二 需于沙，小有言，终吉。

释义 "小有言"指受别人责难。此爻的意思说：此时犹如处于沙滩之中，虽然遭到别人的责难，但这也无大碍，只要坚持，最终能吉利。

智慧鉴用 该爻主要讲在危险的边缘地带，要耐心等待有利时机，继续积累自己的知识和人脉。有人借此讥讽您、指责您，您不要理会，要把这些看成小事一桩，这就是具有开阔胸怀的君子行为，最终不惹是生非而获吉。这就是"累土聚沙，不时之需"的道理。

爻辞 九三 需于泥，致寇至。

释义 在泥泽中等待，招致贼寇进犯。喻指等待的地点、时间不对。

智慧鉴用 该爻以泥设喻,就是说随时有陷入危险的可能。在巨大的困难面前,妄进就会带来灾难,就会适得其反。所以要耐得住寂寞,小心谨慎,否则就会是"带水拖泥,赍粮藉寇"的结果。

爻辞 六四 需于血,出自穴。

释义 犹如处在血泊之中,应尽快逃离洞穴。喻指等待的处境非常危险,必须想办法尽快脱离险境,以求生机。

智慧鉴用 该爻显示,此时已经身陷险境,遭受伤害,并面临巨大的危险,已达到忍无可忍的地步。这时更要积极应对,纵观全局,寻求各方面的支援和帮助,有效利用一切可以利用的力量和智慧,最终一定能渡过难关并获得吉祥。这就需要"需沙出穴,浴血奋战"的精神。

爻辞 九五 需于酒食,贞吉。

释义 在享用酒食中等待,正固吉祥。

智慧鉴用 该爻指的是,经过以上不懈的努力,取得了阶段性胜利。而有德之人,在庆功宴乐时应静待各方来的客人,而不独享其成,并应胸怀远大,自强不息。不论是在处险之时,还是在歌舞升平的时候,都能诚信守正、富而不骄,能有福同享、有难同当,做到不奢靡、不脱离群众。这就是"酒酣耳热，时清海晏"的等待阶段。

爻辞 上六 入于穴，有不速之客三人来，敬之，终吉。

释义 进入住所，有多个不速之客来，以礼敬之，最终是吉祥的。

智慧鉴用 该爻讲的是在遇到人品不怎么样的人，对自己也不是很友好，但是，我们要本着"宁得罪君子，不得罪小人"的原则，小心谨慎的对待他们，客客气气、以礼相待，就不会招来灾祸。这就是"不速之客，敬而远之"的道理。

讼 卦

智慧精华　做事如何谨始虑终,以避免与人争讼?

《易传》曰:"君子以做事谋始。"在开始做事之前就要进行谋划,并随着时间的推移、事情的发展变化随时反省。这样,即使遇到挫折心里也会有准备,不至于深陷争讼之中。请看讼卦"计过自讼,谨始虑终"的智慧与鉴用。

卦象

上九
九五
九四
六三
九二
初六

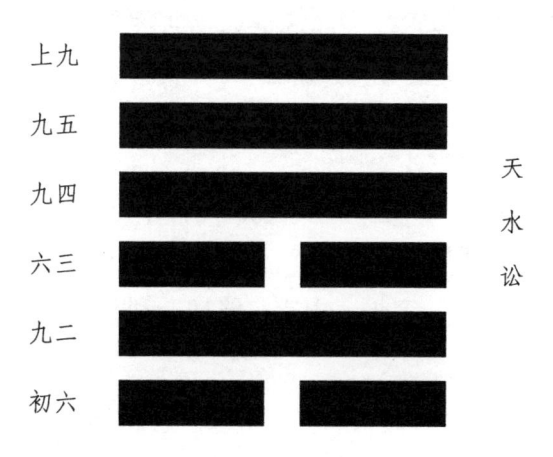

天水讼

经文	成语解卦
讼：有孚，窒惕。中吉，终凶。利见大人。不利涉大川。	计过自讼　谨始虑终
初六　不永所事，小有言，终吉。	蜗角之争　捐忿弃瑕
九二　不克讼，归而逋，其邑人三百户无眚。	争强斗胜　坑家败业
六三　食旧德，贞厉，终吉。或从王事，无成。	克绍箕裘　善自为谋
九四　不克讼，复即命，渝，安贞吉。	专欲难成　改行迁善
九五　讼，元吉。	正法直度　词清讼简
上九　或锡之鞶带，终朝三褫之。	聚讼纷纭　得而复失

卦爻辞释义及智慧鉴用

卦辞　有孚，窒惕。中吉，终凶。利见大人。不利涉大川。

释义　有孚：有诚信。窒：阻塞。意思是：信用受到阻塞，要警惕戒备，虽然中途可能很好，但是最终是凶险的。适宜出现大人，不适宜长途跋涉。

智慧鉴用 讼卦告诉我们：人在世上，难免会与人发生矛盾和冲突，如何妥善处理这些矛盾冲突呢？一方面要加强自身修养，宽容忍让，另一方面可以通过辩解，说明自己处事的理由，求得他人的谅解。讼卦卦辞提出了至讼的三大原则：即信实原则、公正原则、互让原则。提倡您走您的道，我走我的道，互不干预，互相宽容忍让。指出"争讼不止，必有凶"。但"讼"与"争"在概念上是不同的，讼必须有第三方，且为尊尚之人，以理、法来仲裁，讼事乃成。所以我们要有"计过自讼，谨始虑终"的智慧。

爻辞 初六　不永所事，小有言，终吉。

释义 不要长久纠缠于争讼之事，略有言语摩擦，最终是吉祥的。

智慧鉴用 遇到争讼的事情不可纠缠太久，更不能好勇斗狠，要适可而止，应当以解释来求得化解。要在自己身上找问题，对于对方的问题，要以宽容之心对待，所以要有"蜗角之争，捐忿弃瑕"的智慧。

爻辞 九二　不克讼，归而逋，其邑人三百户无眚。

释义 "克"是胜，"克讼"是胜诉的意思；"逋"（bū）是逃；"眚"（shěng）指自身原因造成的祸端；"邑"是"大夫"的封地，三百邑是"下大夫"的领地。本爻的意思是：争讼没有成功，回来躲避，其采邑的三百户人口没有灾害。

智慧鉴用 该爻说的是尽管自己在"讼"事中占有利地位，自己也是一个能说会道之人，但在强大的对手面前还是要审时度势，知进退，居中守正而不妄为，能退则退而自保。这样做不会有大的过错，否则会产生"争强好胜，坑家败业"的结果。

爻辞 六三 食旧德，贞厉，终吉。或从王事，无成。

释义 "食"是饮食，引申为喜好、保持；"旧德"指自己原有的功德，也就是"吃老本"的意思；"无成"指做事不成，或做成了事却不以功自居。本爻的意思是：无论是财物或功德，吃老本会坐吃山空，更不能居功自傲。

智慧鉴用 该爻指的是能安享原有的俸禄而不与人攀比妄求，坚守正道而不妄动，虽处坎险进退危厉之地，也能逢凶化吉。即使顺利完成君王交办的任务，也不要以有所成就而与人争功求利，这就是"克绍箕裘，善自为谋"的智慧。

爻辞 九四 不克讼，复既命，渝，安贞吉。

释义 "复即命"是恢复到原来的命运状态；"渝"指改变。意思是指：争讼没有成功，返回到自己原来的状态，安于现状，坚守正道，吉祥。

智慧鉴用 本爻意思是争讼不能胜利,悔悟后返归到正道上来,改变争讼的初衷,调整自己的心态,这样做是明智之举,可以减少自己的损失,这就是"专欲难成,改行迁善"的智慧。

爻辞 九五 讼,元吉。

释义 官司得到了公正的判决,大吉。

智慧鉴用 该爻的智慧在于当与人发生争讼时,如果您觉得自己理由充分,证据确凿,可以通过法院,或公正无私、德才兼备的人来裁决,定能伸张正义,实为大吉。这就是"正法直度,词清讼简"的智慧。

爻辞 上九 或锡之鞶带,终朝三褫之。

释义 "锡"同"赐";"鞶(pán)带"是大带,古代官服的一部分;"褫"(chǐ)指剥去衣服。本爻的爻义是:或许受赐官服大带,但是一天之内被多次剥夺。喻指通过非正当手段获得恩赐,一味地逞强好讼,最终得到的也会被剥夺。

智慧鉴用 能够通过诉讼争赢对方,当然是一件好事,但要仔细权衡一下,如果胜诉之后您的所得和所失相差无几,那还不如放弃争讼,双方握手言和更好一些,这就是"聚讼纷纭,得而复失"的道理。

师 卦

智慧精华　开国承家，如何用纪律和制度管人？

《易经》曰："君子以容民畜众。""师出以律，否臧凶。"国家要出兵打仗或一个团队要干事业，首先要有一位德才兼备的将领坐镇指挥，并使下属人尽其才；其次是团队必须要有严明的纪律，否则就会有凶险。请看师卦"干城之将，保家卫国"的智慧与鉴用。

卦象

```
上六  ▬▬  ▬▬
六五  ▬▬  ▬▬
六四  ▬▬  ▬▬      地
六三  ▬▬  ▬▬      水
九二  ▬▬▬▬▬▬      师
初六  ▬▬  ▬▬
```

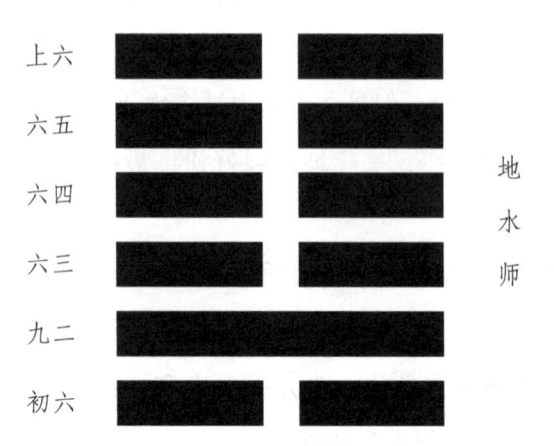

经文	成语解卦
师：贞，丈人吉，无咎。	干城之将　保国安民
初六　师出以律，否臧凶。	精锐之师　明法审令
九二　在师中，吉，无咎，王三锡命。	师直为壮　奖罚分明
六三　师或舆尸，凶。	穷兵黩武　凶多吉少
六四　师左次，无咎。	十面埋伏　出奇制胜
六五　田有禽，利执，言，无咎。长子帅师，弟子舆尸，贞凶。	忘战必危　仗义执言
上六　大君有命，开国承家，小人勿用。	开国承家　称德度功

卦爻辞释义及智慧鉴用

卦辞　贞，丈人吉，无咎。

释义　"师"，古代的军队编制；"丈人"指有威望的长者，在这里也指老成持重，众所畏惧的人。意思是：只要有坚守正道、德高望重的长者统帅军队就可以得到吉祥，不会有什么灾祸。

智慧鉴用　师卦讲的是统领兵众的方法和为将之道，指出将领在决策时应遵循守正和用贤的两大原则，强调只有任用贤明守正、经验丰富的人为军中统帅，才能吉利无咎，这就是"干城之将,保国安民"的用人之道。

爻辞 初六 师出以律,否臧凶。

释义 "律"是军纪,纪律。"否臧"是不好,这里指不守军纪。本爻爻辞的意思是出师征战必须要有严明的纪律,如果军纪混乱必然有凶险。

智慧鉴用 军队出征打仗,要执行严明的军纪律令,军纪不严,则有凶险。一个部门或单位也是一样,没有纪律约束,什么事情也做不成。俗话说"练兵先训兵",所以叫"训练"。练兵要从思想作风上抓起,把军队培训到完全听从指挥的程度,方可练习战术。纪律是打胜仗或事业成功的首要条件,这就是"精锐之师,明法审令"的重要意义。

爻辞 九二 在师中,吉,无咎,王三锡命。

释义 "王"是君王;"锡(cì)命"即赐命,意思是下令嘉奖。本爻的爻义是:在军中任统帅,持中不偏,可得吉祥,不会有什么灾祸;君王也会多次下令嘉奖统帅。

智慧鉴用 主帅是获胜的基本条件,既要有身先士卒、灵活果断的指挥才能,又要有执行上级命令不妄为的中正之德;既要能激励士气,又要赏罚严明。这就是"师直为壮,奖罚分明"的道理。

爻辞　六三　师或舆尸，凶。

释义　"舆"指车辆，"舆尸"指用车辆运载尸体。此爻的爻义是：有士兵从战场上运送战死者的尸体回来，凶险。

智慧鉴用　轻率出兵的结果是很可能打败仗，载尸而归的。但凡率军之将，不可感情用事，在客观条件不利的情形下，不可轻易出战，应采取"保城备险"以消耗敌人，如果"穷兵黩武"则"凶多吉少"。

爻辞　六四　师左次，无咎。

释义　左，在古代的军队中崇尚右，右是前进，而左是撤退；"次"是指驻扎两天以上。本爻爻辞的意思是：率军暂时撤退，免得遭受损失。

智慧鉴用　在不能取胜时，率领军队暂时退避防守，保持自身战斗力，这也是适应战争复杂局面而立于不败之地的明智之举，所以这时要"十面埋伏"，等待机会"出奇制胜"。

爻辞　六五　田有禽，利执，言，无咎。长子帅师，弟子舆尸，贞凶。

释义　田中有禽兽，宜捕捉之，无灾害。长子作战率师凯旋。次子以车载尸，凶险。此爻意思是出师有名，没有灾难。委任德高望重的长者为军中主帅，必将战无不胜；委任无德小人为主帅则将运送着尸体大败而回，结果必然是凶险的。

智慧鉴用 面对入侵者的挑衅，要打反击战时，一定要有后援和群众基础，不可孤军作战。同时要激发起国人的爱国情怀，要同仇敌忾，一致对外，并要选派德才兼备的长者坐镇指挥。正义的自卫反击战，用人不当，也同样会失败。因此为了取得战争的胜利，君子定要"仗义执言"，君王要深知"忘战必危"的道理。

爻辞 上六 大君有命，开国承家，小人勿用。

释义 部队凯旋，天子颁布了诏命，分封功臣，或封为诸侯，或封为上卿，或封为大夫，但小人绝不可以重用。

智慧鉴用 打仗胜利或做事成功以后，要论功行赏，但行赏必须以捍卫国家的统一为原则。所以对品行低下的人员，虽然有功，但只能赏赐金银财帛，而不能列土封疆。否则，其一旦羽翼丰满，将会欲壑难填，进而起反叛之心，危害国家。这就是"开国承家，称德度功"的智慧。

比 卦

智慧精华　如何做到讲信修睦、亲仁善邻，实现察己知人的目标？

《易传》曰："君子以建万国，亲诸侯。"凡社会中的人，无时无刻不与别人发生接触和联系，或存在着相互沟通、相互信任、相辅相成的关系；或存在着争权夺利、尔虞我诈的行为；如何亲君子而远小人？请看比卦"从善如流，周而不比"的智慧与鉴用。

卦象

上六　▬▬　▬▬
九五　▬▬▬▬▬▬
六四　▬▬　▬▬
六三　▬▬　▬▬
六二　▬▬　▬▬
初六　▬▬　▬▬

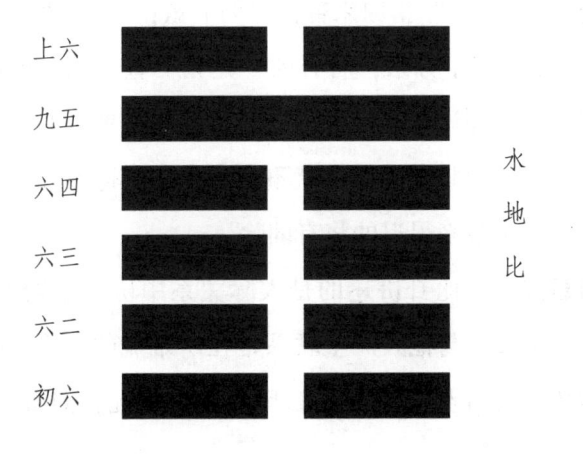

水地比

经文	成语解卦
比：吉，原筮，元永贞，无咎。不宁方来，后夫凶。	从善如流　周而不比
初六　有孚比之，无咎。有孚盈缶，终来有它，吉。	亲仁善邻　海纳百川
六二　比之自内，贞吉。	比翼连枝　祸福相依
六三　比之匪人。	察己知人　择善而行
六四　外比之，贞吉。	天涯比邻　讲信修睦
九五　显比，王用三驱，失前禽。邑人不诫，吉。	网开一面　归之若水
上六　比之无首，凶。	无所依归　凶终隙末

卦爻辞释义及智慧鉴用

卦辞　吉，原筮，元永贞，无咎。不宁方来，后夫凶。

释义　"原筮"指原来曾做过的卜筮；"元永贞"指一开始便贞正；"不宁方来，后夫凶"是指一些小国立即前来归附，迟则有遭征讨之祸。本卦辞的意思是要辅佐有德行的长者，长久不变地坚守正道，就不会有祸害。连不安分的人也会来归附，少数来得迟的将有凶险。

智慧鉴用　比卦讲述的是人际关系中协和亲辅的哲理。作为社会成员，与他人产生联系是在所难免的，不可能生活在真空中，与外界断绝联络自闭而终。因此，同事、同行、兄弟、夫妻、恋人、朋友、亲戚乃至于买主和卖主之间都存在着相亲相辅、相互沟通、相互信任的关系。与人建立这些关系时，要努力修养品德，以诚相待，光明磊落，不结党营私，方可获得吉祥。这就是"从善如流，周而不比"的智慧。

爻辞 初六 有孚比之，无咎。有孚盈缶，终来有它，吉。

释义 "有孚比之"，是指用诚实信用去和睦邻邦或邻居；"有孚盈缶"是说其诚实信用如同酒溢出酒缸一样，香气四溢；"终来有它"是终能招来更多的人前来依附。此爻的爻义是：具有诚实守信的德行，亲密团结，辅佐君王，不会有灾祸；诚信的德行如同美酒注满了酒缸，这样远方的人纷纷前来归附，结果是吉祥的。

智慧鉴用 用真诚和信任与人结交，是不会有过咎的。内心充满诚信的君子，犹如盛满美酒的瓦缶，虽然外表朴素无华又不加文饰，但其盛装的美酒醇香，早已飘逸四方，令人向往。所以以诚信与人亲比，从善如流，最终会有意外的吉祥。这就是"亲仁善邻，海纳百川"的智慧。

爻辞 六二 比之自内，贞吉。

释义 是说这种和睦的亲辅来自内部。本爻的爻义是在内部亲密团结，努力维护统一，结果一定是吉祥的。

智慧鉴用 比附亲近内部，要固守正道，心心相印，精诚团结，心诚友善，相互帮助。同时要做到正而不邪，顺而不逆，不失此道就能获吉。这就是"比翼连枝，祸福相依"的道理。

爻辞 六三 比之匪人。

释义 匪人：是指不该交往的人。本爻的意思是亲附了不该亲附的人。

智慧鉴用 该爻讲的是想与人亲比却找不到志同道合的对象。交友或辅佐他人，必须以正德为前提，择善而交。相交之前，要审慎考量对方的道德高下，这样才能远小人而亲君子。不可助纣为虐，为虎作伥，与心怀不轨者交友。对己而言，要劝勉自己，省身改过，修德进业，固守正道，诚心待人，这样才能不至于孤立。这就是"察己知人，择善而行"的智慧。

爻辞 六四 外比之，贞吉。

释义 向外亲辅，肯定吉祥。意思是在对外交往中互相信任，亲密团结，其结果是吉祥的。

智慧鉴用 "六四"讲正人君子能放弃小我私情，外能与贤能中正的君王亲比，并服从君王的领导，能够获得吉利与幸福，同时"外比之"，也包括社会上各单位之间、各民族之间团结友爱的重要性，这就是"天涯比邻，讲信修睦"

的道理。

爻辞 九五 显比，王用三驱，失前禽。邑人不诫，吉。

释义 显明之亲辅，王用三驱之礼狩猎，失去最前面的禽兽。邑人不害怕，吉祥。本爻意思是：光明正大地亲比，得饶人处且饶人，不赶尽杀绝，是吉祥的。

智慧鉴用 "九五"讲具有中正之德的君王，要彰显光明无私的亲善美德，依照舍逆取顺的比附原则，对所有自愿一起奋斗的臣民一视同仁，对不愿意一起奋斗者，让其来去自由。能否让追随者永久地和您一起干事业，取决于诚信，而不是强制手段。所以上级要具有诚信之德，与下属亲比，取得人民的信任，人民才会自愿跟随，并解除对抗戒惧之心。这就是"网开一面，归之若水"的智慧。

爻辞 上六 比之无首，凶。

释义 亲辅而无首领，有危险。本爻的意思是（因自己过于孤傲），找不到可以亲附的人，是凶险的。

智慧鉴用 "上六"讲亲辅于人，而找不到愿意接纳自己的单位或团体，因为自己是才智柔弱，又极端固执、不知变通的。如果游离飘移、浪荡之性不改，当然不会有善终。这就是"无所依归，凶终隙末"的原因及结果。

小畜卦

智慧精华 在蓄势待发、密云不雨的阶段,如何修文积德、立志远行?

《易传》曰:"君子以懿文德。"当一个人在经验、财富、职位都有了一定的积累之时,更要加强自身道德与文化修养,千万不要膨胀,要稳扎稳打,做到"月晕知风、础润知雨",再次蓄势待发、立志远行。请看小畜(xù)卦"密云不雨,铄懿渊积"的智慧与鉴用。

卦象

上九
九五
六四
九三
九二
初九

风天小畜

经文	成语解卦	
小畜：亨，密云不雨，自我西郊。	密云不雨	铄懿渊积
初九 复自道，何其咎？吉。	全身远害	改途易辙
九二 牵复，吉。	旁推侧引	改邪归正
九三 舆说辐，夫妻反目。	急于事功	反目成仇
六四 有孚，血去惕出，无咎。	心虔志诚	去危就安
九五 有孚挛如，富以其邻。	二人同心	其利断金
上九 既雨既处，尚德载，妇贞厉。月几望，君子征凶。	月晕知风	础润知雨

卦爻辞释义及智慧鉴用

卦辞 亨，密云不雨，自我西郊。

释义 亨通，阴云密布而不下雨，来自西北方。

智慧鉴用 小畜卦是蓄积之卦，但并非仅指财富的积蓄，而是泛指人的各个方面，如知识、才能、道德、经验等。小畜卦指出一切事物的成长都有一个巩固基础的过程，每一步的成功都不是偶然的。要思进退、明取舍、晓利害，不可过度穷奢极乐，在德行修养上要懂得隐忍，小不忍则乱大谋。该卦辞告诫我们，从微小处积聚，可至亨通，就像风雨来临之前，乌云从西边天空缓缓而来，尽管目前还没下雨，但只要耐心等待，当阴阳之气积蓄到一定程度时，及时雨终会到来的，这就是"密云不雨，铄懿（shuò yì）渊积"的哲理。

爻辞 初九 复自道，何其咎？吉。

释义 自己返回，会有什么灾？吉。意思是返回到自己的本位，按自然规律办事，就不会有大的错误，结果是吉祥的。

智慧鉴用 "初九"讲的是初生牛犊不怕虎。朝气蓬勃，积极上进，这当然是好事，但毕竟是刚进入社会的人，才干能力有限，资质尚弱，过于冒进妄行，会受到来自各方面的敌视、打击、迫害，必须听从"蓄止"之劝，回到原来的位置，以待进一步充实。这便是"全身远害，改途易辙"的哲理运用。

爻辞 九二 牵复，吉。

释义 被领回来，吉。意思是被外力所迫，及时回归自己的本位，是吉祥的。

智慧鉴用 "九二"则侧重于被动复归的特征，也就是自己做人做事存在着不少的缺点和错误，自己并没有认识到深层次的危害性，这时有德高望重的好朋友或上司指导您审时度势，蓄止您刚进之冲动，复归中道而获吉，这就是"旁推侧引，改邪归正"的道理。

爻辞 九三 舆说辐，夫妻反目。

释义 "说"（tuō）通脱。车身与车轴脱离，夫妻反目成仇。意思是要注意处理好夫妻关系。就像车子一样，如果车轮与车辐脱离，必然会影响前进，各个方面都会受挫。

智慧鉴用 "九三"讲由于过于刚进，不听从别人的好心相劝，造成事业受到挫折，引起内部互相埋怨，这就是"急于事功，反目成仇"的道理。

爻辞 六四 有孚，血去惕出，无咎。

释义 "有孚"是指有诚信；"血去"就是远离流血事件；"惕出"就是不再恐惧。这句爻辞的的意思是说心怀诚信，就能免去伤害，从而没有恐惧，没有灾难。

智慧鉴用 "六四"告诉我们，如果一个人，能有柔顺守正的品德，并能心怀诚信团结同事，扎扎实实为大家办事，那么您一定会获得大家的信任，对您的怀疑也会消除，这便是"心虔志诚，去危就安"的哲理运用。

爻辞 九五 有孚挛如，富以其邻。

释义 "挛"是卷曲而不能伸，像攥着的拳头；富以其邻：就是要让邻居也富起来。这句爻辞的意思是说：心怀诚信，紧密合作，甚至能与邻居一起富裕。

智慧鉴用 "九五"讲的是：一个人视他人如同骨肉兄弟，亲贤纳谏，心志相连，既有才德，又具涵养，在经济上能做到宽民富民，在政治上能做好各人之间的团结，这就是"二人同心，其利断金"的智慧。

爻辞 上九 既雨既处，尚德载，妇贞厉。月几望，君子征凶。

释义 "既雨既处"是指已经下了雨；"月几望"是指月亮快满了，月满则亏。本句爻辞的意思是说：密云处已经降雨，阳气已被蓄止，就像高尚的功德已经圆满。这时妇人应该坚守正道以防危险，君子也要适可而止，以免凶险。

智慧鉴用 "上九"讲的是任何事情要适可而止，蓄止必须建立在高尚德行的基础上，以适时适度地守正行蓄最为重要。做什么事情都要有远见性和预见性，这就是"月晕知风，础润知雨"的哲理。

履 卦

智慧精华 如何谨慎尊礼，团结上下左右的人？

《易传》曰："君子以辨上下，定民志。"在人的一生中，您认识了谁、和谁在一起、跟随谁，关系到一生的成败。时时要谨慎尊礼，把上下左右的人都团结在自己的周围。请看履卦"如履如临，据义履方"的智慧与鉴用。

卦象

上九
九五
九四
六三
九二
初九

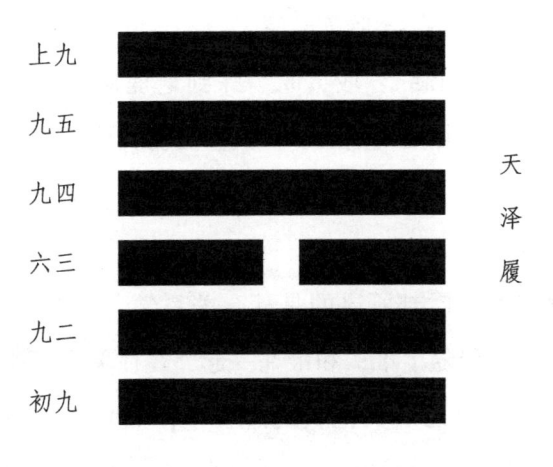

天泽履

经文	成语解卦
履：履虎尾，不咥人，亨。	如履如临　亨嘉之会
初九　素履，往无咎。	杖履相从　朴素无华
九二　履道坦坦，幽人贞吉。	淡泊明志　宁静致远
六三　眇能视，跛能履，履虎尾，咥人凶，武人为于大君。	赳赳武夫　贪位慕禄
九四　履虎尾，愬愬，终吉。	春冰虎尾　奉命唯谨
九五　夬履，贞厉。	至大至刚　福倚祸伏
上九　视履考祥，其旋元吉。	彰往考来　据义履方

卦爻辞释义及智慧鉴用

卦辞　履虎尾，不咥人，亨。

释义　咥（dié）：咬，吃。踩到老虎尾巴，老虎不咬人，亨通。意思是处境危险，碰到对方势力强硬，各方面能力都很强，这时要和颜悦色，学会善待于人，只有这样才可以通达顺利。

智慧鉴用　履卦所讲的是社会关系学。在人的一生中，您认识了谁，跟随了谁，和谁在一起，往往关乎一生事业的成败。在践行自己宏大抱负的过程中，如何遵循一定的礼节，正确处理好各种关系，这就要您谨慎从事、注重实践、总结经验，不要刚愎自用，把上下、左右都团结在自己的周围。这就是"如履如临，亨嘉之会"的哲理。

爻辞　初九　素履，往无咎。

释义　"素履"是干净的鞋子，代指行为良好。本爻的意思是：行为清正纯洁，如此这般，没有灾祸。

智慧鉴用　"初九"讲的是：物质的礼尚往来，未必能表明内心的真诚，既然有积极要求进步的夙愿，不会因困难而止步。所以要以谦恭守礼的纯正之心，尽心尽力地做好自己的工作，以此获得各级领导的理解和赞赏。这就是"杖履相从，朴素无华"的做人道理。

爻辞　九二　履道坦坦，幽人贞吉。

释义　"幽人"是隐居的人，指行为收敛而不放肆。本爻辞的意思是：小心地行走在平坦宽广的大道上，安贫乐道地生活，结果是吉祥的。

智慧鉴用　"九二"讲的是：如果一个德行柔顺守中的人，举止行为能谨慎而不冒进，对自己目前所处形势能洞若观火，头脑十分冷静，且谦恭柔顺，不自行妄进，因而可获吉祥。这就是"淡泊明志，宁静致远"的哲理。

爻辞　六三　眇能视，跛能履，履虎尾，咥人凶，武人为于大君。

释义 "眇"（miǎo）指视力弱；"跛"（bǒ）指有腿疾。因为眼神不好踩到老虎尾巴，处于凶险之中。勇敢的武士要竭力为国效劳。意思是应当小心谨慎做事，做正义的事。

智慧鉴用 "六三"讲当您的顶头上司是一位专权的人，但他又所见不明、所行不当，他的结局必然是被更高级别的领导所处置。您如果盲目地跟随这样的强权者去冒险，就相当于您每天跟随在老虎的后面，随时都会有危险。这就是"赳赳武夫，贪位慕禄"，这样自己不会有好结果。

爻辞 九四 履虎尾，愬愬，终吉。

释义 "愬愬"（sùsù）指战战兢兢，惊惧的样子。这句爻辞的意思是：跟在老虎尾巴后面走路，虽会感到恐惧害怕，但若能谨慎小心，最终是吉祥的。

智慧鉴用 "九四"强调了在应对外界危险时，不可掉以轻心，麻痹大意。特别是跟随在君王左右时，更要小心翼翼，如履薄冰。只有这样，才不会有危险。这就是"春冰虎尾，奉命唯谨"的智慧。

爻辞 九五 夬履，贞厉。

释义 "夬"（guài）是快速。"夬履"意思是行为莽撞急躁。本句爻辞的意思是：行为莽撞急躁，一定会有凶险来临。

智慧鉴用 "九五"告诉我们,作为君王,刚毅中正的履行职责,下面有人拥护;果敢决断,没有任何的阻碍,本是无可厚非的事。但是如果以刚居刚,不能以柔补刚,往往造成独断专行、肆无忌惮的作风,这是非常危险的,所以我们要有"至大至刚,福倚祸伏"的辩证法思想。

爻辞 上九 视履考祥,其旋元吉。

释义 "视履"指审察一下走过的路;"考祥"是全面仔细地考虑。意思是仔细反思自省,是吉祥的。

智慧鉴用 "上九"讲的是一个事业有成的人,在实现自己抱负的过程中,能平安地走到这一步,应该说是一个成功者,这时无论您身在何处,都要认真回顾反省,考察自己的奋斗历程,及时总结自己的成功经验和失败教训,以此授于后人,实现人生价值的至臻完备,这就是"彰往考来,据义履方"的人生智慧。

泰 卦

智慧精华 天地交泰好运来，如何未雨绸缪、实现持盈保泰？

《易传》曰："天地交而万物通，上下交而其志同。"泰卦讲的是治国安民、社会通泰的道理。它的方法是"考天时、察人事、定人伦、明王道"。重点是要交融、交流和交通。请看泰卦"小往大来，国泰民安"的智慧与鉴用。

卦象

上六	▬▬ ▬▬
六五	▬▬ ▬▬
六四	▬▬ ▬▬
九三	▬▬▬▬▬
九二	▬▬▬▬▬
初九	▬▬▬▬▬

地天泰

经文	成语解卦
泰：小往大来，吉，亨。	小往大来　国泰民安
初九　拔茅茹以其汇，贞吉。	拔茅连茹　本固邦宁
九二　包荒，用冯河，不遐遗，朋亡，得尚于中行。	野无遗贤　深中笃行
九三　无平不陂，无往不复，艰贞，无咎。勿恤其孚，于食有福。	无平不陂　无往不复
六四　翩翩，不富以其邻，不戒以孚。	亲仁善邻　守望相助
六五　帝乙归妹以祉，元吉。	血肉相连　珠联璧合
上六　城复于隍，勿用师，自邑告命，贞吝。	泰极而否　忧国忘家

卦爻辞释义及智慧鉴用

卦辞　小往大来，吉，亨。

释义　小的前往，大的来到，吉祥通达。

智慧鉴用　泰卦讲的是政治管理问题，即治国安民的道理。它的方法就是"考天时、察人事、定人伦、明王道"，它所希望的是"天地交而万物通，上下交而其志同"的和谐社会局面。同时也强调"交"与"通"应以诚为前提，以信为本，以和为贵，并以此来阐明社会通泰的道理。也就是说，基层群众的意见可以顺畅地上达至中央，中央的惠民政策也能及时地普施与民。这就是"小往大来，国泰民安"的道理。

爻辞 初九 拔茅茹以其汇，贞吉。

释义 "茅"为茅草；"茹"指根，为根茎相连的样子；"以"同"及"；"汇"是指种类，汇聚。意思是：拔茅草及其同类时要连根挖。征伐敌人也是一样，这样做吉利。

智慧鉴用 该爻为通泰之开始，新的政策刚刚实施，对危害社会安定、民族团结、国家稳定的邪恶势力，一定要用迅雷不及掩耳的强硬手段彻底铲除。那么怎样才能消除社会邪恶势力呢？要像农夫拔除杂草一样，一定要将各种杂草一并斩草除根。这就是"拔茅连茹，本固邦宁"的治国智慧。

爻辞 九二 包荒，用冯河，不遐遗，朋亡，得尚于中行。

释义 "包荒"指包容八荒，借指胸怀宽广；"冯"通凭，指徒涉；"遐"指偏远的角落；本句爻辞的意思是有包容山川的宽广胸怀，有涉越大河的气概，有广纳远方贤哲的德行。礼贤下士，对远方的贤德之人也不遗弃；不结成小团体，不结党营私，可以受到赏赐。

智慧鉴用 该爻讲的是君王应该有包容八荒之胸怀，一定要选好用好贤能之人，用好人才是奠定社会稳定的基础之一。绝不能忘记偏远地方的人才。要深入群众，要到偏远的地方发现人才，选拔人才。要选拔德才兼备、踏实能干、不会溜须拍马的人；要敢于及时罢免不称职、不廉洁、道德败坏、不为人民办实事的干部；绝不能任人唯亲、任人唯近，要任人唯贤；要用高尚的品德去选人，要选有高尚品德的人。用人正确与否，事关国家政治是否清明、人心是否舒畅、社会是否安泰。

爻辞 九三 无平不陂，无往不复，艰贞无咎。勿恤其孚，于食有福。

释义 "陂"（bēi）指倾斜不平。没有一直平坦而不起陡坡的，没有一味地前往而不返回的。处在艰难困苦的环境中坚守正道就没有灾害，所以，在困境中不要担心，能取信于人才会有福庆。

智慧鉴用 该爻告诉我们：世上没有只平直而不弯曲倾斜的路，也没有只是前往而不复返的人。每一个成功的人背后，都有努力向上、永不停息的奋斗过程。没有去，就没有回；没有付出，就不可能得到。能了解自己今后可能面临的艰难处境，仍以十分的诚意和谨慎的态度来固守正道，经过不懈努力，最终才可能得到幸福。这就是"无平不陂，无往不复"的深刻哲理。

爻辞 六四 翩翩，不富以其邻，不戒以孚。

释义 群鸟结队同时向下飞落，对身边同伴的诚信，深信不疑。

智慧鉴用 常言道：远亲不如近邻。邻居之间能互相帮助处理家中应急事件，是远亲无法做到的。但在邻居或同事间，有时也会发生一些不愉快的事情，影响自己的工作和生活，这时要以谦恭的态度与邻人或同事沟通，尽力搞好团结；与人相处要求大同存小异，做人要虚怀若谷，彼此以诚相见，不互相戒备。这就是"亲仁善邻，守望相助"的哲理。

爻辞 六五 帝乙归妹以祉，元吉。

释义 "归"指女子出嫁；"祉"是福。本句爻辞的意思是：帝乙嫁出自己的妹妹，以此得福，大吉。

智慧鉴用 该爻讲的是：国与国之间也应"不富以其邻，不戒以孚"，去礼待周边邻国，与之和平友好相处，避免发生战争，使国家有一个安定发展的外部环境。古代君王的做法是和亲，用血缘的纽带将周边邻国连结起来。现代企业集团之间，也有用血缘纽带连结的强强联合的企业。这也无可厚非，都是一种"血肉相连、珠联璧合"的做法。

爻辞 上六 城复于隍，勿用师，自邑告命，贞吝。

释义 "复"通"覆",指崩塌;"隍"是没有水的护城壕;"用师"指采取军事行动。本爻辞的意思是:城墙倒塌在久已干涸的护城壕沟里;这时不可发动战争,要举全国之力开始自救,以防止出现土崩瓦解的局面。

智慧鉴用 该爻是讲久治的国家(企业)开始出现衰危之势了,这正如古老的城墙由于年久失修,倾塌于城壕里一样,已失去了抵御风险的能力。此时千万不可轻易用兵劳民,以免引起内乱。这就是"泰极而否,忧国忘家"的真实写照。

否 卦

智慧精华　在进退维谷之时，如何韬光养晦，使之"否极泰来"？

《易传》曰："君子以俭德避难。"在一个人遇到灾难、困难、矛盾、进退维谷之时，请不要悲观失望，更不要怨天尤人，而要执守正道、韬光养晦、潜藏明德，使之转危为安。请看否（pǐ）卦"俭以养德，否极泰来"的智慧与鉴用。

卦象

上九	▅▅▅▅▅
九五	▅▅▅▅▅
九四	▅▅▅▅▅
六三	▅▅　▅▅
六二	▅▅　▅▅
初六	▅▅　▅▅

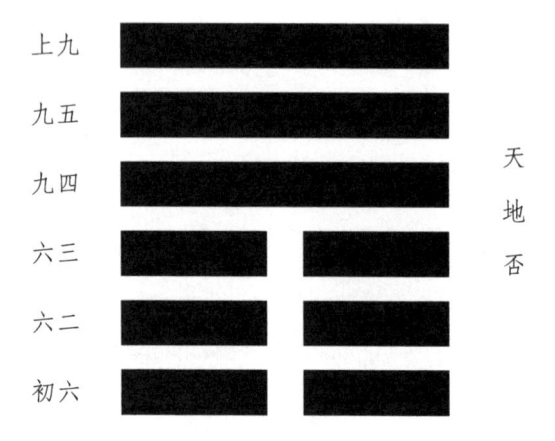

天地否

经文	成语解卦
否：否之匪人，不利君子贞。大往小来。	泰极否来　俭以养德
初六　拔茅茹以其汇，贞吉，亨。	斩草除根　外柔内刚
六二　包承，小人吉，大人否，亨。	包羞忍耻　晦盲否塞
六三　包羞。	含垢包羞　警愦觉聋
九四　有命，无咎，畴离祉。	扭转乾坤　有福同享
九五　休否，大人吉。其亡其亡，系于苞桑。	祸绝福连　昼警夕惕
上九　倾否，先否后喜。	物极必反　否极泰来

卦爻辞释义及智慧鉴用

卦辞　否之匪人，不利君子贞。大往小来。

释义　否卦象征闭塞黑暗，小人得势，人们之间的来往不通畅，非常不利于君子干事业。尽管如此君子也必须坚守正道。

智慧鉴用　否卦与泰卦一样，都是讲人在社会中所生存的大环境。泰卦讲国泰民安的治世之道和做人之道，阐明上下交通、志同道合，内外诚信以至安泰的道理。而否卦与之相反，阴阳二气不相交通，喻示处在乱世，小人之道渐长，而君子之道渐消。在世风日下之时，告诫有德君子，在于己不利的条件下，要执守正道，韬光养晦，潜藏明德，归隐而去。这就是"泰极否来，俭以养德"的智慧。

爻辞 初六 拔茅茹以其汇，贞吉，亨。

释义 连根拔掉茅草及其同类，结果是吉祥亨通的。

智慧鉴用 该爻讲的是在否塞不通的背景下，有识之士满怀根除弊端之志，但却不具备除恶务尽的条件，抱负难以实施。这时应防止在否吝之时而好刚的缺点，贞固自守方可得吉，静待时机最终能获通达。这就是"斩草除根，外柔内刚"的道理。

爻辞 六二 包承，小人吉，大人否，亨。

释义 阿谀奉承的人，一时获得好处；君子安于被冷落，长远看是亨通的。

智慧鉴用 该爻告诫我们在时局不利于自己的否塞之时，有权势的人物企图扩张自己的势力范围，不但不将小人清除，反而包容承受之。阴邪小人因而受到容纳和信任而至吉。那些能固守正道，坚决不愿为恶势力效劳、合作的正人君子，只好安于否塞境遇或退避隐居，等到时机成熟后，否塞最终得以通达。这就是"包羞忍耻，晦盲否塞"的际遇。

爻辞 六三　包羞。

释义 包藏羞辱，指不得罪小人。

智慧鉴用 该爻讲的是包容接纳小人，这里含有为虎作伥的意思，而小人又恃他人的包容为非作歹，终致羞辱。而这时的君子不仅要远小人，而且一定要认清危害、提高警惕，要有"含垢包羞，警惕觉醒"的智慧。

爻辞 九四　有命，无咎，畴离祉。

释义 "畴"同"俦"，指同类或众人。"离"同"丽"，附丽或依附。本爻的意思是服从上级命令没有过错，众人依附也同得福禄。

智慧鉴用 该爻讲否道进一步发展，已经危及执政者的地位了，此时他们已经认识到问题的严重性，决心改变现状，重新启用贤德之士来辅政，来扭转被小人控制的时局。他亲自恭谦屈尊，迎请退隐贤士，打压小人的势力，使有德之人的势力得以加强，否道之极的危险可得以解除而至福，这就是"扭转乾坤，有福同享"的智慧。

爻辞 九五　休否，大人吉。其亡其亡，系于苞桑。

释义 "苞"是丛生盘根的植物，再生能力特别强；"桑"指桑树，这里比喻像桑树一样根深蒂固。此爻的意思是：闭塞不通的局面将要被打破或即将结束，君子可以获得吉祥。

智慧鉴用 该爻讲的是：否塞之道休止之时，有德君子获得吉祥，但当权者明白过去闭塞的原因，仍然余悸未尽，时刻提醒自己："上下不通，闭塞就会灭亡！"有如此戒惧威厉之心志，当权者才能如同桑树根一样，扎根于深土中，根深蒂固，稳定坚牢，这就是"祸绝福连，昼警夜惕"的智慧。

爻辞 上九 倾否，先否后喜。

释义 闭塞不通的局面发生了翻天覆地的变化；起初闭塞不通，后来顺畅通达，皆大欢喜。

智慧鉴用 该爻讲的是：彻底肃清否道之残余影响，广开贤路，将原来的闭塞政治翻转过来变为通泰，皆大欢喜，这就是"物极必反，否极泰来"的规律。

同人卦

智慧精华 如何求同存异、同舟共济，把事业做大做强？

《易传》曰："君子以类族辨物。"物以类聚，人以群分；志不同，不相为谋。要想与人合作、联合、把事业做大，就必须积极主动地与有共同志向的人沟通交流，诚心地帮助他人解决困难，尽力地考虑对方的利益。只要人心融合，就会团结协作，激发强大的合力。请看同人卦"同舟共济，和而不同"的智慧与鉴用。

卦象

```
上九  ▬▬▬▬▬▬
九五  ▬▬▬▬▬▬
九四  ▬▬▬▬▬▬
九三  ▬▬▬▬▬▬    天火同人
六二  ▬▬  ▬▬
初九  ▬▬▬▬▬▬
```

经文		成语解卦	
同人：	同人于野，亨。利涉大川，利君子贞。	同舟共济	和而不同
初九	同人于门，无咎。	同声相应	同气相求
六二	同人于宗，吝。	党同伐异	鄙吝复萌
九三	伏戎于莽，升其高陵，三岁不兴。	匿迹潜形	登高望远
九四	乘其墉，弗克攻，吉。	凭城借一	敌忾同仇
九五	同人，先号咷而后笑，大师克相遇。	先号后笑	以身报国
上九	同人于郊，无悔。	深谋远虑	求同存异

卦爻辞释义及智慧鉴用

卦辞 同人于野，亨。利涉大川，利君子贞。

释义 志同道合的人相聚在原野上，亨通，有利于渡过大河急流，君子坚守正道，有利。

智慧鉴用 该卦指的是：与人和同、合作、求友，是在不利于己的客观条件下，希望得到援助，属于对外的联合。因此，要想将"和同于人"的愿望变为现实，必须以文明为前提，以公平公正之心为基础，允许对方在平等条件下的相对独立，绝不能用武力强制他人和同。这样与人和同才有利于越险渡难，互助互利。这就是"同舟共济，和而不同"的智慧。

爻辞 初九 同人于门，无咎。

释义 一出门便能遇到志同道合的朋友，不会有什么灾祸。

智慧鉴用 "初九"讲的是一出门就能与人和睦相处，这样做没有灾祸。这就是说与人交往广阔而没有偏私。亲者不私、疏者不远、公平相待、一视同仁。像这样的交往能相互拓展视野，取长补短，社会因此而趋于大同，怎样会有害处呢？这就是"同声相应，同气相求"的规律。

爻辞 六二 同人于宗，吝。

释义 只和本宗本派的人和睦相处，这种做法是偏私狭隘的。

智慧鉴用 "六二"讲的是只与同一宗族的人同心同德，是结党营私的小团体主义，这种鄙吝的做法是错误的，是不值得提倡的。要成就大事业，必须心胸宽广能容人，不能搞裙带关系。这就是"党同伐异，鄙吝复萌"的告诫。

爻辞 九三 伏戎于莽，升其高陵，三岁不兴。

释义 把军队埋伏在密林草莽之中，占据附近的制高点守望着，三年都不贸然出兵。

智慧鉴用 "九三"揭示的是同人之道——要顾全大局，量力而行，并要以文明的办法为前提，而不可强行或用武力求同。行军打仗，在寡不敌众时，应把军队隐藏在密林草丛中，同时还登上高陵频频察看，不要贸然兴师动众，要等待时机。这就是"匿迹潜形，登高望远"的智慧。

爻辞 九四 乘其墉，弗克攻，吉。

释义 "乘"指登上；"墉"指高墙。本爻意思是凭借高大的城墙进行固守，不向敌人进攻，结果是吉祥的。

智慧鉴用 "九四"爻的借鉴意义在于，在形势于己不利时，要保存实力，固守待援。要进一步统一思想，积极发动群众、集思广益、共同出谋划策，以便早日解除危机。并要放弃私念服从大局，审时度势、寻找战机。这就是"凭城借一，敌忾同仇"的智慧。

爻辞 九五 同人，先号咷而后笑，大师克相遇。

释义 "号咷"（hào táo）通号啕。"大师"指大军。"克"是战胜。本爻的意思是与人和同，开始时放声大哭，后来欣喜欢笑。这是因为大军克服了阻力相遇，获得胜利。

智慧鉴用 "九五"讲与人和同亲辅，开始时遭到危厄，未遂其志而感到悲痛不已，后来采取了强有力的手段，克服了原来的阻力获得和同的成功，感到欢欣鼓舞。总之，一个人要想获得成功，不仅需要具备一定的客观条件，更主要的是坚持不懈的主观努力，需要全力以赴、全身心的投入，才能获得成功。这就是"先号后笑，以身报国"的道理。

爻辞　上九　同人于郊，无悔。

释义　聚合众人于郊外，虽没有达到最佳的状态，但没有悔恨。

智慧鉴用　本爻讲的是虽然未获得志同道合的之人，致使壮志未遂，但因做出了努力，最终取得了别人的谅解、同情和帮助。所以做人做事一定要有"深谋远虑，求同存异"的智慧。

大有卦

智慧精华 为什么说"富不过三代"？如何"承平盛世，多财善贾"？

《易传》曰："君子以遏恶扬善，顺天休命。"一个真正的君子，在自己克服各种困难成功以后，要坚守中正，交往正直的朋友，不奢侈浪费；要戒惧谨慎、兢兢业业、止恶扬善、多财善贾、顺应天道。请看大有卦"承平盛世，忧盛危明"的智慧鉴用。

卦象

上九
六五
九四
九三
九二
初九

火天大有

经文		成语解卦	
大有：	元亨。	艰难玉成	承平盛世
初九	无交害，匪咎，艰则无咎。	遏恶扬善	艰苦奋斗
九二	大车以载，有攸往，无咎。	大车以载	多财善贾
九三	公用亨于天子，小人弗克。	益国利民	乐善好施
九四	匪其彭，无咎。	忧盛危明	反骄破满
六五	厥孚交如，威如，吉。	孚尹旁达	畏威怀德
上九	自天佑之，吉，无不利。	天道人事	大吉大利

卦爻辞释义及智慧鉴用

卦辞 元亨。

释义 "大有"象征大有收获，从一开始就亨通顺利。

智慧鉴用 该卦是成功人士的卦，它以理财为例，兼及人的道德、才能、功名等诸多方面，阐明了达到富盛时期如何善处"大有"的道理，提出了中正、谦恭、诚信、施济可保永吉的论点。

大有卦具有刚健而又文明的美德，顺应天道，依时序而安排行动，因而它亨通顺利。一位真正的君子，在自己克服各种困难成功以后，要坚守中正，交往正直的朋友，戒惧谨慎、兢兢业业、止恶扬善，要抓住机遇再出发。这就是"艰难玉成，承平盛世"的道理。

爻辞　初九　无交害，匪咎，艰则无咎。

释义　不与有害的人交往，没有祸患；要牢记和保持过去艰苦奋斗的创业精神，才能避免引起灾难。

智慧鉴用　"初九"告诉我们在发家致富之初，或稍有成功时，要做到不惹是生非，要交诚信守正之友，不相互侵害。同时还要处富思艰，不要忘记创业时的艰难，不生骄奢之心，谨慎行事，只有这样才能免除过错。这就是"遏恶扬善，艰苦奋斗"的哲理。

爻辞　九二　大车以载，有攸往，无咎。

释义　用大车装载货物和钱财，运送到合适之处投资，这样做不会有什么过错。

智慧鉴用　"九二"告诉我们，当拥有车载斗量之财富，并肩负着管理和发展"大有"财富之重任，您要能继续做到刚柔适中、笃行中道而不自满骄矜，那么您就具备了多方投资、发展壮大事业的基础条件。这就是"大车以载，多财善贾"的智慧。

爻辞　九三　公用亨于天子，小人弗克。

释义 成功富裕的君子年年给天子进贡,小人富裕了则是自己享用。

智慧鉴用 "九三"爻的现实意义是:当您拥有财富时,一定要及时照章纳税,不要偷税漏税,更不能抗税。自己通过不断地打拼先富裕起来了,但社会上还有很多需要帮助的人,因此您一定要多做公益,多帮助身边需要帮助的人,要感谢曾经帮助过自己的人。总之,自己富了就要回报国家和人民,只有小人和守财奴挣了钱自己花。这就是"益国利民,乐善好施"的做人准则。

爻辞 九四 匪其彭,无咎。

释义 "彭"指膨胀的样子;"匪其彭"就是不仗恃自己的盛大而膨胀,才没有过错。

智慧鉴用 "九四"讲"大有"富贵之时绝不可贪欲膨胀、仗势欺人、自高自大。应具有外柔内刚的品质,要明智谦虚、富而不骄;要有明辨事理、权衡利弊的智慧;要能看到盛极必衰的规律。这就是"忧盛危明,反骄破满"的做人智慧。

爻辞 六五 厥孚交如,威如,吉。

释义 "厥"是尽全力;"孚"是指诚实守信;"如"指样子、状态;"交如"是指交往的样子;"威如"是指展现威望的样子。本爻的意思是：尽全力用诚信与人交往，展现自己的威望，吉祥。

智慧鉴用 "六五"告诉我们：一个富有成功的人，如果能刚柔并济，恩威并用，并竭尽全力用诚信与人交往，树立良好的形象和个人魅力，又能显其威严的品格，那么必然能继续保持富有盛大而得吉。这就是"孚尹旁达，畏威怀德"的理想境界。

爻辞 上九 自天佑之，吉，无不利。

释义 上天保佑有德之人，赐福于己，吉祥，无往不利。

智慧鉴用 "上九"告诉我们：如果一个富有成功的人，他既能做到中正、谦恭、诚信、施济、爱国，又能察知盈满则溢、盛极而衰的客观规律，他还能慎始慎终、富而思艰，这就顺应了社会规律和自然规律，当然他就能受到客观规律的保护，因而长保富有，吉无不利。用古人的话说，这是得到了"天助"。这就是"天道人事，大吉大利"的规律。

谦 卦

智慧精华 为什么说谦卦是一谦四益,只有"吉"而没有"凶"的卦?

《易传》曰:"君子以裒多益寡、称物平施。"做人做事要中正、公平、公开、公正;要有谦谨的态度,登高必自卑;要居功而不自夸、礼贤下士、降己升人,才能赢得事业的成功。请看谦卦"虚怀若谷,一谦四益"的智慧与鉴用。

卦象

上六	▅▅▅ ▅▅▅
六五	▅▅▅ ▅▅▅
六四	▅▅▅ ▅▅▅
九三	▅▅▅▅▅▅▅
六二	▅▅▅ ▅▅▅
初六	▅▅▅ ▅▅▅

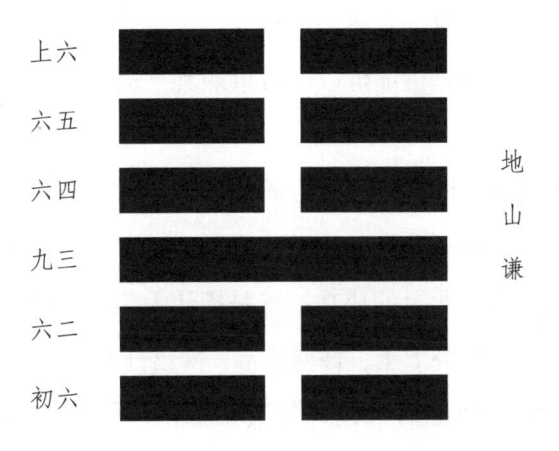

地山谦

经文		成语解卦	
谦：亨，君子有终。		一谦四益	遇物持平
初六	谦谦君子，用涉大川，吉。	谦谦君子	卑以自牧
六二	鸣谦，贞吉。	谦虚谨慎	虚怀若谷
九三	劳谦，君子有终，吉。	鞠躬君子	谦恭下士
六四	无不利，㧑谦。	益谦亏盈	过犹不及
六五	不富以其邻，利用侵伐，无不利。	打富济贫	定乱扶衰
上六	鸣谦，利用行师，征邑国。	谦尊而光	有征无战

卦爻辞释义及智慧鉴用

卦辞 亨，君子有终。

释义 意思是谦虚可以使百事顺利亨通，君子最终有好的结局。

智慧鉴用 谦卦讲了两方面的内容：一是指为人处事的谦虚态度，要修身养性，正确定位自己，要有良好的人缘，如此才能赢得事业上的成功；二是指让人、容人的行为，居功而不自夸，礼贤下士，德盛礼恭，降己升人，先人后己。

如果能以谦虚而又让人的美德处世，并能长期坚持下去，自然会诸事顺利，具有谦德的君子一定会有好的结果。

这就是"一谦四益,遇物持平"的智慧。

爻辞 初六 谦谦君子,用涉大川,吉。

释义 谦虚而又谦虚的君子,可以涉过大江大河,安全吉祥。

智慧鉴用 中国传统哲学所关注的焦点是如何做人的问题,尤其是对于人的内心世界的追求和主体意识及修养的问题尤为重视。

"初六"讲的是一个人如果能认识到自己的卑下地位,又能识时务,更能以柔顺之德,克制自己事业进程中的盲动和冒进,遇险能用谦,自然无往不利,处处获吉。这就是"谦谦君子,卑以自牧"的道理。

爻辞 六二 鸣谦,贞吉。

释义 "鸣"指宣扬,传播。意思是谦虚的名声远扬四方,坚持正道,可获吉祥。

智慧鉴用 "六二"讲的是因谦德而成功之后,仍能固守柔顺中的德行而不骄傲自满,所以得吉。这就是"谦虚谨慎,虚怀若谷"的智慧。

爻辞 九三 劳谦,君子有终,吉。

释义 "劳"指有功劳。意思是有功劳而又很谦虚的君子，有好结果，吉祥。

智慧鉴用 "九三"讲的是有功劳而不骄矜，仍能谦让退抑，能固守正道、先人后己的正人君子，终归会有好的结果。这就是"鞠躬君子，谦恭下士"的智慧。

爻辞 六四 无不利，㧑谦。

释义 㧑（huī）谦，指举止谦逊。只要发挥谦虚的美德，没有任何不吉利。

智慧鉴用 "六四"讲的是谦虚之道已经得到了最充分的体现，再谦虚下去就有过谦之嫌了，应该适可而止。谢绝别人的承顺恭维。这就是"益谦亏盈，过犹不及"的智慧。

爻辞 六五 不富以其邻，利用侵伐，无不利。

释义 虽不富有，但能得到周围人的支持。有所作为，不会有不利的结果。

智慧鉴用 "六五"告诉我们，对于一个有谦德的成功人士，不仅仅是自己要富裕，同时还要引领周围的人一起共同富裕。对于那些善用不正当手段发家的人，大家一起来制裁他，是没有什么过错的。这就是"打富济贫，定乱扶衰"的智慧。

爻辞 上六 鸣谦，利用行师，征邑国。

释义 谦虚的美德声名远扬,利于出兵,征讨抵御来犯之敌,使本国和附近邻国都安全。

智慧鉴用 "上六"告诉我们,在您怀柔谦让之名已经远播,红极一时而招致同类人的藐视不恭,甚至遭到人身攻击的时候,您一定要用好刚柔相济的做事方法,对待纷乱必须快刀斩乱麻,该出手时就出手,不能优柔寡断,要使其就范。这就是"谦尊而光,有征无战"的智慧。

豫 卦

智慧精华 为何说经常寻欢作乐，就会乐极生悲？

《易传》曰："先王以作乐崇德。"在事业发展的道路上，特别是在事业顺利和成功之时，最忌讳的就是整日自鸣得意、放纵逸乐、花天酒地。我们要时刻都要围绕着自己所担负的责任和目标去努力，同时这种理念要坚如磐石，长期坚持。因此要时刻检点自己的生活方式，绝不能整日酣歌恒舞。请看豫卦"丰亨豫大，宴安鸩毒"的智慧鉴用。

卦象

上六
六五
九四
六三
六二
初六

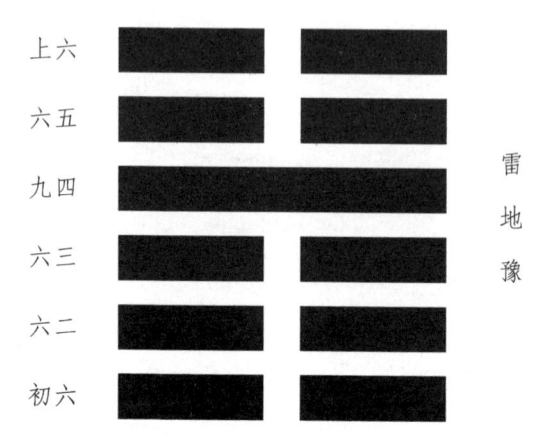

雷地豫

经文	成语解卦	
豫：利建侯，行师。	丰亨豫大	黜邪崇正
初六　鸣豫，凶。	染神乱志	乐极生悲
六二　介于石，不终日，贞吉。	坚如磐石	处之泰然
六三　盱豫，悔；迟，有悔。	寻欢作乐	愧悔无地
九四　由豫，大有得，勿疑，朋盍簪。	大得人心	宾朋满座
六五　贞疾，恒不死。	酣歌恒舞	宴安鸩毒
上六　冥豫，成有渝，无咎。	养痈成患	痛改前非

卦爻辞释义及智慧鉴用

卦辞　利建侯，行师。

释义　豫卦象征快乐，有利于建立诸侯的伟大功业，有利于出师南征北战。

智慧鉴用　该卦讲的是国家政权（单位）的治理原则，同时讲人的品性节操。特别是作为领导者而言，更要检点自己的生活行为，不能过分放纵逸乐，以免乐极生悲；尤其不可因事业的顺利而放松谨慎小心的态度。

君王治理应遵循欢乐中和谐有节、劳逸结合的原则，不管是分封诸侯或是对外用兵讨逆时，首先应考虑能否让民众乐于顺应服从，不能给民众带来痛苦，若上下一心，定然利于成功。这就是"丰亨豫大，黜邪崇正"的哲理。

爻辞 初六　鸣豫，凶。

释义 本爻意思是自鸣得意，整日花天酒地，高兴过了头，结果乐极生悲，必遭凶险。

智慧鉴用 "初六"讲的是整日大张旗鼓、无节制地花天酒地，并且因欢乐过度而自鸣得意，说明欢乐之志穷极，肯定会有凶险。这就是"染神乱志，乐极生悲"的哲理。

爻辞 六二　介于石，不终日，贞吉。

释义 "介于石"指人的品行中正。终日：指一整天。本爻意思是：耿介如石，适度安乐，不待终日，坚守正道可获得吉祥。

智慧鉴用 "六二"讲的是品行中正的君子，整天像石头一般坚定不移地坚持行为中正，具有磐石般的耿介心志。他深知欢乐必须适中有度而不放纵的道理，并能固守贞正之道，因而得吉。这就是"坚如磐石，处之泰然"的智慧。

爻辞 六三　盱豫，悔；迟，有悔。

释义 "盱"（xū）是张目仰视的样子，指谄媚；"迟"指迟缓。本爻意思是：献媚讨好以求安乐，必生悔恨；而悔悟太迟更加悔恨。

智慧鉴用 "六三"告诉我们如果沉迷于豫乐之中，而不行正道、荒废时日，终至悔恨。应当悬崖勒马，改过自新，若悔改太晚，必将遗恨终生。这就是"寻欢作乐，愧悔无地"的道理。

爻辞 九四 由豫，大有得，勿疑，朋盍簪。

释义 "由"是由来，缘由；"盍"（hé）同"合"，会合；"簪"指固定发髻的头饰。本爻意思是：安乐喜悦由自身而来，朋友深信不疑，大家像头发汇聚于簪子一样，积聚在您的周围。

智慧鉴用 "九四"是说如果由于一位德高望重的领导者的管理，使大家都能得到欢乐和收获，那么无须疑虑，朋友和同事就会像头发束于簪子上一样聚合相从。这就是"大得人心，宾朋满座"的智慧。

爻辞 六五 贞疾，恒不死。

释义 预测自己会有疾病，但病了很久却仍然长寿不死。

智慧鉴用 "六五"告诉我们：一位君王虽处可以豫乐之时，但却不敢整日放纵安逸，沉迷于声色之中。而是固守正道，像预防疾病一样居安思危，小心谨慎地治理国家，国家才能长存而免于覆亡。治理一个单位或部门也是同样的道理。这就是"酣歌恒舞，宴安鸩毒"的哲理。

爻辞 上六　冥豫，成有渝，无咎。

释义 "冥"是昏昧；"成"指终；"渝"是改变。本爻意思是：已处在天昏地暗的局面之中，如果执迷不悟，就十分危险了。但只要及时觉醒，则可避免祸害。

智慧鉴用 "上六"告诉我们：在现实社会中也常有这一类病态现象，醉生梦死地一味狂欢，以致失去了理智。所以爻辞一方面以"冥豫"发出警告，一方面又从"成有渝，无咎"勉励盲目纵乐者迷途知返，从灭顶之灾中自拔，实现有价值、有意义的人生。这就是"养痈成患，痛改前非"的智慧。

随 卦

智慧精华 如何择善而从，做到君圣臣贤、从善如流？

《易传》曰："君子以向晦入宴息。""随"就是要战战兢兢、和颜悦色地随从；要随机应变、以时顺势、相互顺从；要合乎规律、顺其自然，有原则、有条件地随从。古人讲究天时、地利、人和，也就是要顺天、应地、随人。若不加思索地随心所欲、固执己见追随，到最后只能是撞得头破血流。请看随卦"择善而从，随时制宜"的智慧与鉴用。

卦象

上六
九五
九四
六三
六二
初九

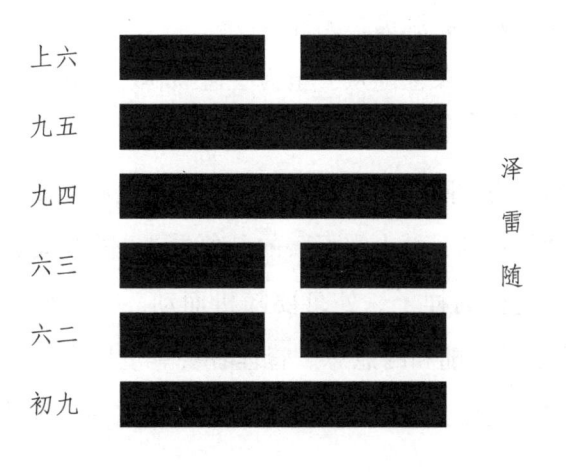

泽雷随

经文	成语解卦
随：元亨，利贞，无咎。	将顺其美　随时制宜
初九　官有渝，贞吉，出门交有功。	因任授官　择善而从
六二　系小子，失丈夫。	小人得志　妒能害贤
六三　系丈夫，失小子。随有求，得，利居贞。	知人善任　进贤退佞
九四　随有获，贞凶。有孚在道，以明，何咎？	胸有悬镜　天遂人愿
九五　孚于嘉，吉。	嘉言懿行　履信思顺
上六　拘系之，乃从维之，王用亨于西山。	君圣臣贤　利用厚生

卦爻辞释义及智慧鉴用

卦辞　元亨，利贞，无咎。

释义　随卦象征随从，至为亨通顺利。固守正道，没有危险。

智慧鉴用　随卦讲的是有关人的性格气质方面的内修问题。从"泽雷随，兑上震下"的卦象看，"随"要有战战兢兢、和颜悦色的样子。处事要随机而动、合乎规律。同时"随"有随从、随和的意思。管理者要尊重民意，具有屈尊下随的谦和美德，可大为亨通。避免个性太强、倔强、固执及狂妄自大。但随从他人,必依正道才会有利。这就是"将顺其美,随时制宜"的智慧。

爻辞 初九 官有渝,贞吉,出门交有功。

释义 "渝"为变动,官场之事多有变化,但只要坚持正道就可获吉。出门与人多交朋友,这样获得成功的机率就会大大增加。

智慧鉴用 "初九"告诉我们:一位领导干部的职务升迁变动,组织人事部门首先要到基层群众中调研考察,要听从多数人的意愿。而新被提拔的领导干部上任后,也应及时下到基层调研工作,与基层群众交朋友,并能从国家利益和大多数人的利益出发,灵活机动地行使职权为群众办好事、办实事,其事业一定会得到群众的拥护和支持,这样才能成功。这就是"因任授官,择善而从"的道理。

爻辞 六二 系小子,失丈夫。

释义 "系"指依从。本爻的意思是:倾心随从依靠小人,则一定会失去大丈夫。

智慧鉴用 "六二"告诉我们:随从他人并非无原则地唯命是从。倘若不加分辨地倾心依从无德小人,小人得势后就会胡作非为,这样就会失去刚正的大丈夫。这就是"小人得志,妒能害贤"的一种社会现象,这时君子只能跳槽或在忍耐中等待时机。

爻辞 六三，系丈夫，失小子。随有求，得，利居贞。

释义 依附于刚直的大丈夫，就可以摆脱小人。跟随正人君子，有求必有得，有利于安居守正。

智慧鉴用 "六三"告诉我们倾心依从刚正的君子，就远离了无德小人。但在跟随德高望重的君王同时，您也不能失去普通人民。要做到择善而从、上下兼顾，只有这样才能有利于事业成功。这就是"知人善任，进贤退佞"的智慧。

爻辞 九四 随有获，贞凶。有孚在道，以明，何咎？

释义 被人依附有所收获，要守正以防凶。只要心存诚信，不违正道，光明磊落，那还有什么危害呢？

智慧鉴用 "九四"告诉我们当追随他人而有所获得时，虽说固守了随之正道，但也易招致其他人的猜疑而遇凶。所以一定要诚心正义，处事合乎正道，明鉴事理，不喧宾夺主，立身光明磊落，才不会有什么灾祸。这就是"胸有悬镜，天遂人愿"的智慧。

爻辞 九五 孚于嘉，吉。

释义 在友善的基础上广施诚信，可获吉祥。

智慧鉴用 "九五"告诉我们具有中正之德的领导，能广施诚信于贤能善美之人，并以身作则，弘扬追随至善的美德，屈尊就卑，礼遇随从者，这样不仅可以端正社会风气，而且可以获得人民群众的拥护和爱戴。这就是"嘉言懿行，履信思顺"的道理。

爻辞 上六 拘系之，乃从维之，王用亨于西山。

释义 "拘系"意指强行挽留；"维"指维系，保持；"西山"为周朝的发祥地。本爻意思是：只有先拘禁束缚他，迫使他追随，等顺服后再放开，他才能追随到底。君王在西山祭告祖庙，与君臣一起共同成就了大业。

智慧鉴用 "上六"告诉我们"随"道已成，但穷极则变，由随从转向离散，再由离散形成新的跟随和被跟随的关系，为维护随道的交替轮回、永久不衰，领导和被领导之间都要体现出"遏恶扬善"的"随"道规律来。这就是"君圣臣贤，利用厚生"的智慧。

蛊 卦

智慧精华　如何惩治腐败，做到激浊扬清、标本兼治？

《易传》曰："君子以振民育德。""蛊"为弊端、腐败。蛊卦提出了惩治腐败的必要性和艰巨性。反腐要广泛发动和依靠群众，做到家喻户晓；要坚持鉴前诫后，要以合情、合理、合法为原则。请看蛊（gǔ）卦"激浊扬清，刮骨去毒"的智慧与鉴用。

卦象

上九	████████████	
六五	█████　█████	
六四	█████　█████	山风蛊
九三	████████████	
九二	████████████	
初六	█████　█████	

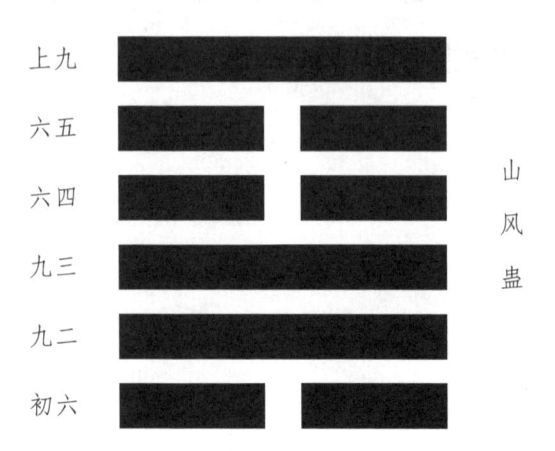

经文	成语解卦
蛊：元亨，利涉大川。先甲三日，后甲三日。	激浊扬清　振民育德
初六　干父之蛊，有子，考无咎。厉，终吉。	干父之蛊　父析子荷
九二　干母之蛊，不可贞。	匡救弥缝　表里相济
九三　干父之蛊，小有悔，无大咎。	刮骨去毒　兴利除弊
六四　裕父之蛊，往见吝。	子为父隐　后患无穷
六五　干父之蛊，用誉。	补偏救弊　避毁就誉
上九　不事王侯，高尚其事。	功成行满　进退中绳

卦爻辞释义及智慧鉴用

卦辞　元亨，利涉大川。先甲三日，后甲三日。

释义　蛊为弊端、腐败、毒虫。开始的时候亨通，有利于跋涉大川。不过要先研究三天，制定过河的办法和时间，方案制定后再观察三天，审查一下方案是否完备。

智慧鉴用　常言道："随流易合污，合污必生蛊。"所谓生"蛊"，民间流传有许多说法，有的指人体的寄生虫，有的指陈旧稻中生出的飞虫。但最出名的，是古代传说中的一种做法：即将百种毒虫一起放进一个瓮盆之中，任其互相残杀吞食，待诸虫食尽，剩下的最后那一只不死的剧毒之虫，就称之为"蛊",通常被恶巫之流用来害人毒物。

蛊卦的大义在于匡正或治理腐败现象。提出了治蛊的必要性和艰巨性,指出治蛊可排除前进的阻力,达到至为亨通的前景。而制止、整顿不良社会风气,非一日之功,必须根据当前的实际情况,制定各种制度和法规加以约束,并广泛宣传,使群众家喻户晓遵照执行,鉴前诫后。在治蛊过程中,要谨始慎终;奉行中正原则,要合情、合理、合法,不可过激,也不可过柔。这就是"激浊扬清,振民育德"的治理腐败的智慧。

爻辞 初六,干父之蛊,有子,考无咎。厉,终吉。

释义 匡正父辈留下的麻烦和问题。只要儿子能够振兴家业,必无灾祸,虽有困难和危险,但是最终将会吉祥。

智慧鉴用 "初六"告诉我们蛊害的产生不是一朝一夕的事,是积久而成的,往往是要经过一代、几代,甚至一个世纪才能充分体现出来,上代造成的弊端,往往要到下一代人才能得到矫正。本爻以父与子为喻,匡正父亲的过失,虽然有危险,但没有灾祸,最终能获得成功。这就是"干父之蛊,父析子荷"的智慧。

爻辞 九二,干母之蛊,不可贞。

释义 匡正母辈所造成的弊病,不可过于固执专断。

智慧鉴用 "九二"告诉我们匡正母亲的错误，不可过于固执专断，一定要动之以情，晓之以理；不可无限上纲、过于机械地对仁德的母亲采取刚强直率的做法。这就是"匡救弥缝，表里相济"的智慧。

爻辞 九三 干父之蛊，小有悔，无大咎。

释义 匡正父辈弊端，会有一些懊悔和痛苦，但是并无大的危害。

智慧鉴用 "九三"告诉我们匡正父辈的弊端，会影响父子之情而略有后悔，但也不会有大的咎害，不必畏缩不前，丧失锐气。这就是"刮骨去毒，兴利除弊"的智慧。

爻辞 六四 裕父之蛊，往见吝。

释义 姑息宽容父辈的弊病，将来必然会出现憾惜。

智慧鉴用 "六四"告诉我们对父辈造成的弊端听之任之，不从根本上加以整饬革除，甚至姑息纵容，如此发展下去必将酿成大祸而后悔不及。这就是"子为父隐，后患无穷"的规律。

爻辞 六五 干父之蛊，用誉。

释义 纠正父辈的错误，首先要肯定父辈的成绩和获得的荣誉。

智慧鉴用 "六五"告诉我们整饬上辈的弊端时，要继承上代的善德，发扬父辈的美誉，对其弊端和错误加以匡正。在继承的基础上求改革，在改革的基础上求发展，不劳民、不扰民。这样既可以令上辈乐意接受改过，又能稳定社会秩序，安定人心，这可以说是整饬蛊事最成功的办法了。这就是"补偏救弊，避毁就誉"的智慧。

爻辞 上九 不事王侯，高尚其事。

释义 不再为王侯做事，功成名就、急流勇退，这种行为很高尚。

智慧鉴用 "上九"告诉我们在事业就要完成的最后阶段，自己已是功劳卓著、众口交誉，在这种情况下，古人看得很高尚的行为就是功成身退，超然地退出名利之争，而保持自己志向的高洁。除弊治乱是为了民众的幸福，其志不在建立私人的"王侯"事业。这就是"功成行满，进退中绳"的智慧。

临 卦

智慧精华 如何降尊临卑，真诚地与群众通忧共患、教思无穷？

《易传》曰："君子以教思无穷。"领导干部到基层检查调研或开展帮扶工作，要承担着对群众宣传教育和启发其思考的责任，一定要带着弘毅宽厚、包容保护的真挚感情，心甘情愿地为基层办实事；面对群众要聆音察理、因势利导，用真情去感化群众，才能赢得群众的信任与尊重。请看临卦"同甘共苦，民生在勤"的智慧与鉴用。

卦象

上六	▬▬ ▬▬
六五	▬▬ ▬▬
六四	▬▬ ▬▬
六三	▬▬ ▬▬
九二	▬▬▬▬▬
初九	▬▬▬▬▬

地泽临

经文	成语解卦	
临：元亨，利贞。至于八月，有凶。	降尊临卑	贞不绝俗
初九 咸临，贞吉。	诚心正意	亲临其境
九二 咸临，吉，无不利。	真情实感	支策据梧
六三 甘临，无攸利。既忧之，无咎。	同甘共苦	通忧共患
六四 至临，无咎。	聆音察理	仰观俯察
六五 知临，大君之宜，吉。	知来藏往	民贵君轻
上六 敦临，吉，无咎。	敦本务实	民生在勤

卦爻辞释义及智慧鉴用

卦辞 元亨，利贞。至于八月，有凶。

释义 开始能亨通无阻，祥和有益，长期坚守正道。但如果等到了八月才去作为，便会有凶险。

智慧鉴用 临卦讲的是关于正确处理国家或单位内部上下级人事关系的卦。它既包含领导者亲临基层一线检查，又包含基层如何迎接领导者检查的双向关系，特别强调领导到基层"访民情"一定要及时，决不能失去农时及有利的时机。该卦充分体现了"降尊临卑，贞不绝俗"的大智慧。

爻辞 初九 咸临，贞吉。

释义 "咸",指无心之感,就是发自内心的真情实感。本爻的意思是怀真诚的感化之心而亲临万民,可获吉祥。

智慧鉴用 "初九"的"咸临"是一种无私心偏见的交合接触,没有任何做作、作秀的意思,领导者下基层检查工作,既能耐心地听取汇报、介绍和群众的呼声;又能虚心地向专家和有丰富经验的职工群众学习请教;同时还能坚守正道、秉公办事,以守正的美德去感化和启发民众,全心全意地为基层服务,他必能得到群众的拥护。这就是领导干部必备的"诚心正意,亲临其境"的工作方法。

爻辞 九二 咸临,吉,无不利。

释义 "九二"与"初九"的意思相近,意思是:一定要怀感化之心而亲临万民,可获吉祥,这没有什么不利的。

智慧鉴用 本爻再次强调了领导者怀着感化之心亲临基层,体现了领导者"以民为本"的管理思想,受到群众的拥护。即使在工作中遇到了一些麻烦,也不会造成什么危害。这就是"真情实感,支策据梧"的领导智慧。

爻辞 六三 甘临,无攸利。既忧之,无咎。

释义 "甘"指甜言蜜语;"忧之"是反思,后悔。本爻意思:靠甜言蜜语去哄骗群众,必无好处;如果已经意识到自己的过失,及时忧惧改过,这样才不会招致灾祸。

智慧鉴用 "六三"讲作为领导干部,去基层单位检查工作,以甜言蜜语欺骗取悦于群众,口惠而实不至,这种领导作风是错误的。如果基层汇报工作,甜言蜜语地报喜不报忧,使领导无法了解基层的实际情况也是错误的。如果上下级都能知错而忧、改弦易辙、同甘共苦,最终是可以挽回影响的。这就是领导干部应具备的"同甘共苦,通忧共患"的工作态度。

爻辞 六四 至临,无咎。

释义 到现场处理事务,没有过错。

智慧鉴用 该爻讲谦柔、正直、务实的领导,亲自到基层或直接到贫困人员家中,了解基层存在的实际困难和问题,并予以及时解决;亲自看望慰问一线的职工群众,肯定他们的成绩和奉献精神;同时在调研过程中能发现基层人才,选拔推荐、及时任用基层人才,这样做是肯定没有过错的。这就是"聆音察理,仰观俯察"的工作方法。

爻辞 六五 知临,大君之宜,吉。

释义 "知"熟悉和了解;"知"同"智",睿智之意。本爻意思是:以睿智的方法管理民众,这是伟大君王最好的治理之道,定能获得吉祥。

智慧鉴用 该爻讲的是:作为一名高级领导干部,必须全面掌握基层的实际情况,并和悦谦下,屈尊礼待民众,为群众出主意、想办法,使其发家致富、摆脱贫困,只有这样才会得到民心。同时要充分利用社会贤能,适当授权,以众智为己智,善取下级之智,既不事必躬亲又不脱离群众。这就是"知来藏往,民贵君轻"的大智慧。

爻辞 上六 敦临,吉,无咎。

释义 "敦"指敦促、敦厚。本爻的意思是:以敦厚诚实管理民众,吉利,没有灾祸。

智慧鉴用 "上六"讲领导干部当以温柔敦厚、竭诚之心到基层去,并敦促基层按年初制定的目标计划,抓好落实,共同解决基层所遇到的困难;扎实为基层、为群众办实事和好事,并尊贤崇善,最终肯定是吉祥顺利的。这就是"敦本务实,民生在勤"的领导智慧。

观 卦

智慧精华　如何做到公听并观、进退应矩？

《易传》曰："中正以观天下。"上行则下效，为上者作风正派，才会引领民风淳朴。人最大的敌人是自己，要想了解自己，必须审视自我，"一日三省吾身"；同时也要观察别人，从而总结经验，完善、提升自己。请看观卦"公听并观，进退应矩"的智慧与鉴用。

卦象

```
上九  ▬▬▬▬▬▬▬
九五  ▬▬▬▬▬▬▬
六四  ▬▬▬   ▬▬▬
六三  ▬▬▬   ▬▬▬       风
六二  ▬▬▬   ▬▬▬       地
初六  ▬▬▬   ▬▬▬       观
```

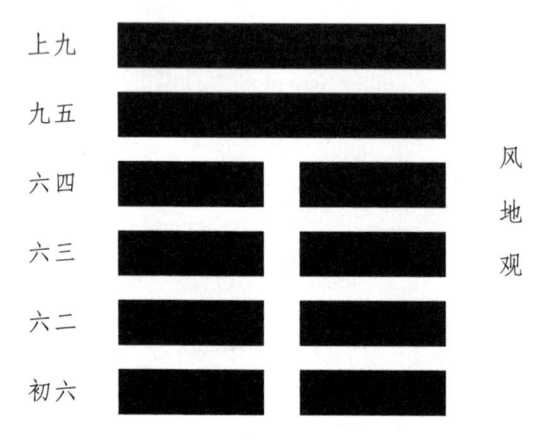

经文	成语解卦
观：盥而不荐，有孚颙若。	观化听风　主敬存诚
初六　童观，小人无咎，君子吝。	坐井观天　儿童之见
六二　窥观，利女贞。	牖中窥日　以管窥天
六三　观我生，进退。	显微阐幽　数往知来
六四　观国之光，利用宾于王。	大有可观　护国佑民
九五　观我生，君子无咎。	返观内视　穷理尽性
上九　观其生，君子无咎。	公听并观　进退应矩

卦爻辞释义及智慧鉴用

卦辞　盥而不荐，有孚颙若。

释义　盥（guàn）：洗漱。孚：诚信。颙（yóng）：肃敬的样子。本卦的意思是：在举行正式降神仪式前，净手自洁，心存虔诚肃穆。

智慧鉴用　观卦是关于领导干部工作作风的卦，领导要有柔顺谦逊的美德，凭借中和刚正之德为群众所敬仰爱戴。为上者作风正派，才会引导民风正派，上行则下效。所以作为一名领导干部只有随时注意自身形象、处处起到模范带头作用，才会受到群众的敬仰。这就是"观化听风，主敬存诚"的智慧。

爻辞 初六 童观，小人无咎，君子吝。

释义 幼稚地观察，小人无灾，君子则难以成事。

智慧鉴用 "初六"讲用幼稚狭隘的眼光来看待社会上存在的问题。如果是一般群众，只要无伤大雅，便可以原谅。如果是领导干部则情理难容，应该感到羞愧，因为这是"坐井观天，儿童之见"了。

爻辞 六二 窥观，利女贞。

释义 从门缝中窥视，宜女子守正。

智慧鉴用 "六二""窥观"是指足不出户的人，从门缝里向外窥看，只能见到一星半点。这对于古代不出闺房，身受贞洁约束的女子来说还算正常。对于现代外出干大事业的人来说，这样就显得眼光有局限了。因为"牖中窥日，以管窥天"，以偏概全怎能干成什么大事？

爻辞 六三 观我生，进退。

释义 观察审视自己的生活轨迹，抉择是前进还是后退。

智慧鉴用 "六三"讲在社会生活中，每一个人都可能遇到进退失据的时候，这时更需要在观察自己处境的同时，省察自己的行为，以决定自己用舍行藏，时可进则进，时不可进则退。根据客观事物的发展，灵活地调整自己的行为，才能像活水中的蛟龙一样腾飞变化,进退自如。这就是"显微阐幽,数往知来"的智慧。

爻辞 六四 观国之光,利用宾于王。

释义 观察审视一国的风俗民情之情况,可知这一国的外交政策和对人才的尊重程度。

智慧鉴用 该爻讲的是:观察邻国的历史文化就能了解这个国家,由于"六四"临近"九五",也就是作为领导身边的人,既有机会领略领导的德政,又能谦和地深入到人民群众之中,体察民情。他能上顺领导下和民意,又能守持正道,以身作则。在现实社会中,一个班子的副职正处此位。所以班子成员要看到自己所处位置的优势,承担起自己相应的责任,不能把所有的事都推给主要领导。这就是"大有可观,护国佑民"的道理。

爻辞 九五 观我生,君子无咎。

释义 观察审视自己,君子无灾。

智慧鉴用 "九五"作为君王,要时常观察和审视自己的行为,建立切实可行的下情上传的通道。因为能向他直言相谏的人本来就很少,而人本身又总是难得有自知之明,很难看到自己的缺点,很难实现客观的自我评价。所以君王虽然认识到了自我审察的必要性,但是实现自我审察却极其困难。而"民风之美恶、民情之好恶、民生之优劣",正是检验执政者的政绩如何、是否符合民意的尺度,正是自我审察的极好明鉴。这就是"返观内视,穷理尽性"的智慧。

爻辞 上九 观其生,君子无咎。

释义 观察审视其他地方的生活状况,君子无灾。

智慧鉴用 "上九"居于本卦最上位,正是大家仰观的对象,作为主要领导要时刻想到自己的一举一动皆为群众所观,要格外地谨慎自己的言行举止,从而自我检点,垂范于众人。这就是"公听并观,进退应矩"的智慧。

噬嗑卦

智慧精华　如何做到明罚敕法、惩一儆百？

《易传》曰："先王以明罚敕法。"维护祖国统一，首先应"严明刑罚，整顿法度"；要加强中央对地方的管控，要用刚柔并济的治理手段；对分裂主义分子应依法果断地实施打击和处理；对于人民内部矛盾的处理，则要通过沟通来化解。请看噬嗑（shìhé）卦"明罚敕法，片言折狱"的智慧与鉴用。

卦象

火雷噬嗑

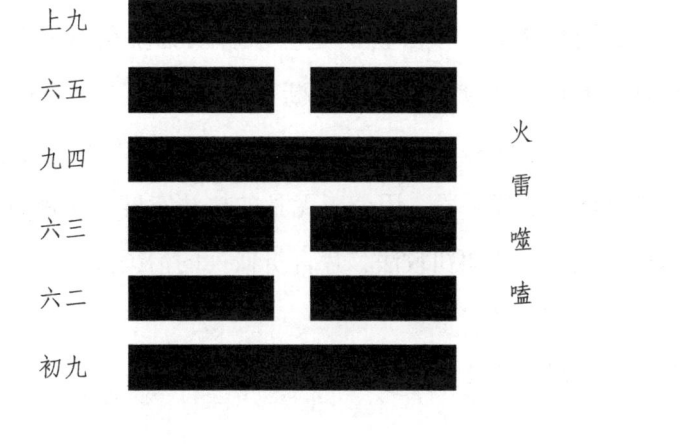

上九
六五
九四
六三
六二
初九

经文		成语解卦	
噬嗑：	亨，利用狱。	明罚敕法	片言折狱
初九	屦校灭趾，无咎。	惩一儆百	铁笔无私
六二	噬肤灭鼻，无咎。	以公灭私	政简刑清
六三	噬腊肉，遇毒，小吝，无咎。	邪不压正	威刑肃物
九四	噬干胏，得金矢，利艰贞，吉。	沉潜刚克	坚韧不拔
六五	噬干肉，得黄金，贞厉，无咎。	严刑峻法	以刑去刑
上九	何校灭耳，凶。	积恶余殃	明正典刑

卦爻辞释义及智慧鉴用

卦辞 亨，利用狱。

释义 亨通无阻，有利于使用刑法。

智慧鉴用 该卦讲的是：矛盾双方激化时的胶着、磨合、齿咬、缠绞、碰撞、决断等复杂状态。它提倡明刑断狱，铁面无私的"噬德"——依法办事的"法德"；提倡刚柔并济的治理手段，用公正无私的执法态度去实施打击和约束。这就是"明罚敕法，片言折狱"的治国大道。

爻辞 初九，屦校灭趾，无咎。

释义　给犯人脚上套上刑具遮没了脚趾，没有过错。

智慧鉴用　"初九"告诉我们要把促进民族团结、融合、交流，维护祖国统一的思想，贯彻到基层民众之中去。对少数不安分守己的人，要果断地给予严厉地惩罚打击，约束限制他们的行动自由，这样做不会有过错。这就是"惩一儆百，铁笔无私"的治国智慧。

爻辞　六二　噬肤灭鼻，无咎。

释义　意思是：因偷盗，犯人被割去了鼻子，这样做没什么过错。

智慧鉴用　该爻告诉我们：在执法过程中既要耐心细致，又要抓住时机，像快刀斩乱麻一样坚决果断，必须以法律为准绳，压住罪犯的嚣张气焰，让其认罪伏法。只有这样才能制服罪犯，进而达到改造、挽救他的目的。这就是"以公灭私，政简刑清"的道理。

爻辞　六三　噬腊肉，遇毒，小吝，无咎。

释义　像咬嚼坚硬的腊肉时中毒，小有不适，不会有灾祸。

智慧鉴用　"六三"告诉我们在与不法分子的较量中，他们会负隅顽抗，百般抵赖，并对执法者进行各种人身攻击。这样会给执法带来一定麻烦，但只要执法者依法办案、上下一心，这种有毒的硬骨头一定会被剔除，这颗社会的毒瘤一定会被清除。这就是"邪不压正，威刑肃物"的规律。

爻辞 九四 噬干胏，得金矢，利艰贞，吉。

释义 干胏（zǐ）：带骨头的干肉。咬食带骨头的干肉，遇到金属箭头。有利于在艰难中坚守正道，其结果是吉利的。

智慧鉴用 "九四"以啃咬干骨头上的肉，吃到了留在猎物肉里的金属箭头设喻，可见噬嗑的阻力有多大。在遇到腐败分子或黑恶犯罪团伙的顽固势力时，政法部门要有"沉潜刚克，坚韧不拔"的精神，才能最终取得胜利。

爻辞 六五 噬干肉，得黄金，贞厉，无咎。

释义 咬食干肉，得到黄金。只要坚守正道，虽有危险，但没有灾。

智慧鉴用 "六五"告诉我们只有坚守正道、以柔克刚才能防止危险。凡物不合，是由于有东西从中作梗离间；凡物不整，是由于其中某些部分有不合常规的现象。只有用一些强制的手段，才能排除或粉碎异物。这就是"严刑峻法，以刑去刑"的道理。同时，在打击罪犯的时候，根据本案的蛛丝马迹，把其他有关案件联系起来思考，最终破获了更大的团伙案、陈案和积案。这也是"噬干肉，得黄金"的另一层含义。

爻辞 上九 何校灭耳,凶。

释义 罪犯戴着枷锁,遮住了耳朵,凶险。

智慧鉴用 "上九"告诉我们,要把国家治理好,其重点是实行"德治"和"法制"相结合;要恩威并施,刚柔兼备;各民族之间要平等地交流交融。

贲 卦

智慧精华 如何做到文质彬彬、内外兼修,提升自己的魅力和形象?

《易传》曰:"君子以明庶政,无敢折狱。"无论是领导,还是个人都要注意言行和外在形象。诚实守信的高尚品德是好形象的内在核心,并且要通过外在言语和行动表现出来。请看贲(bì)卦"驷不及舌,威望素著"的智慧与鉴用。

卦象

上九
六五
六四
九三
六二
初九

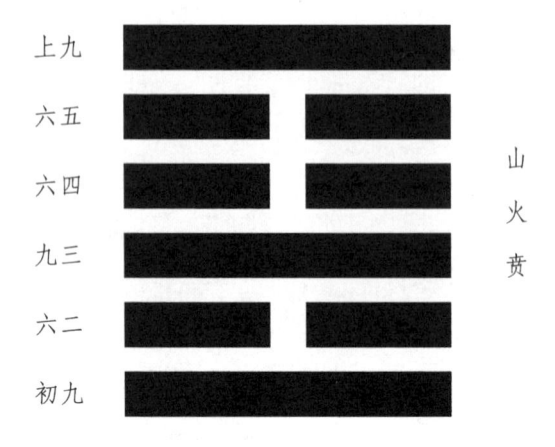

山火贲

经文	成语解卦
贲：亨，小利有攸往。	宣化承流　表里相济
初九　贲其趾，舍车而徒。	文过饰非　舍本求末
六二　贲其须。	染须种齿　矜己自饰
九三　贲如，濡如，永贞吉。	称德度功　大中至正
六四　贲如皤如，白马翰如，匪寇婚媾。	驷不及舌　附骥名彰
六五　贲于丘园，束帛戋戋，吝，终吉。	朴实无华　家弦户诵
上九　白贲，无咎。	洗尽铅华　威望素著

卦爻辞释义及智慧鉴用

卦辞　亨，小利有攸往。

释义　"贲"即文饰。该卦的意思是：文饰亨通顺利，有事外出交往，有小的利益。

智慧鉴用　贲卦《彖》曰："观乎天文，以察时变，观乎人文，以化成天下。"日月星辰刚柔交错，这是天的文饰；文章灿明止于礼仪，这是人类的文明。上观天之文饰，可察看四时的交替变化；下观人类文明，可推行教化民众促使天下昌明。但文饰不可损害质美，更不能文过饰非。贲卦既提倡良好的外在行为，又提倡笃实平淡、不图虚名的美德。并警告人们"盛名之下，其实难副"。人贵有自知之明，保持本色才能永不变质。这就是"宣化承流,表里相济"的良好社会局面。

爻辞 初九 贲其趾,舍车而徒。

释义 特意装饰自己的脚趾,却舍弃乘坐马车,而徒步行走。

智慧鉴用 "初九"告诉我们一个人内在的品质优秀,如果再加上外在的仪表高雅,秀外而惠中,那就能够自然彰显出一种人格魅力了。但是如果一个人只是为了显示自己的脚漂亮,"舍车而徒",这肯定是"文过饰非,舍本求末"了。

爻辞 六二 贲其须。

释义 修饰自己的胡须。

智慧鉴用 "六二"告诉我们一个人的外在形象可反映出内在人格品质。我们在生活中应从细节入手,规范自己的行为、语言和仪表,并陶冶心灵。但如果过分包装打扮自己,那就是"染须种齿,矜己自饰"了。

爻辞 九三 贲如,濡如,永贞吉。

释义 装扮得光泽柔润,永远坚守正道,便可获得吉祥。

智慧鉴用 "九三"告诉我们一个人如果有美好的表现，受到人们的赞美，这是很有必要的，这有利于社会正气风尚的形成。但人的表现，并不等于人的本质，如果赞美之声不绝于耳，披红戴绿的各种文饰已覆盖了他的本来面目，容易致其陶醉而不知自返。所以赞美必须有限度，受赞誉者也要能够正确地看待自己的功劳和赞誉，决不能将"文"凌驾于"质"之上。这就是"称德度功，大中至正"的道理。

爻辞 六四 贲如皤如，白马翰如，匪寇婚媾。

释义 皤（pó）如：干净素白。装扮得干净整洁，骑白马奔驰如飞，不是来抢掠，而是前往聘求婚配。

"六四"告诉我们面对人们的赞美，表现出平淡谦虚的态度。就像白马那样既具有刚劲的才能，又有素淡的外表，这种并非人为的自然美，才是形与质的最好体现。要由文饰回归质朴，应常怀危厉之心，追求实质的才能，而不能要"驷不及舌，附骥名彰"的虚名。

爻辞 六五 贲于丘园，束帛戋戋，吝，终吉。

释义 装点山丘园圃，虽然只用很少的丝绸，显得有点吝啬，但最终是吉祥的。

智慧鉴用 "六五"告诉我们作为主要领导，要对贤人的辅佐之功和济世之德及时给予嘉奖和赞美。虽然礼品微薄，显得有些小气，但嘉奖的意义重在精神而不在物质，其目的是鼓励广大民众，其价值无法用物质来衡量。这就是"朴实无华，家弦户诵"的道理。

爻辞 上九 白贲，无咎。

释义 用白色来装饰，不喜好华丽，没有灾害。

智慧鉴用 "上九"告诉我们真正想干事业的人，并不是为了取得上级的嘉奖而干。比如，我们许多卓有成就的科学家长期在艰苦的条件下，默默无闻地辛勤工作，有的积劳成疾，付出了毕生的心血。他们的研究成果，推动了人类文明的进步，而他们面对鲜花和荣誉，依然保持自己的本质不变，把各种名誉、奖励看得很淡，这就是"洗尽铅华，威望素著"的道理。

剥 卦

智慧精华 面对失败和挫折，如何见微知著、早日东山再起？

《易传》曰："上以厚下安宅。"成功和失败都是相对的，是长期积累的结果。千万不能因为一时失败而一蹶不振、怨天尤人；要首先安顿好家人的基本生活，再审时度势，分析失败原因，寻求外力帮助，以备东山再起。请看剥卦"消息盈虚，剥极必复"的智慧与鉴用。

卦象

上九	▬▬▬▬▬▬▬
六五	▬▬　▬▬
六四	▬▬　▬▬
六三	▬▬　▬▬
六二	▬▬　▬▬
初六	▬▬　▬▬

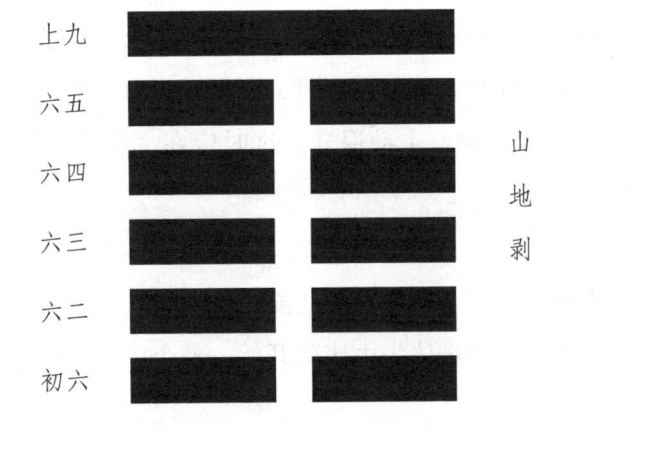

山地剥

经文	成语解卦
剥：不利有攸往。	消息盈虚　安宅正路
初六　剥床以足，蔑贞，凶。	抽丝剥茧　见微知著
六二　剥床以辨，蔑贞，凶。	剥床及肤　养痈遗患
六三　剥之，无咎。	塞翁失马　焉知非福
六四　剥床以肤，凶。	剥肤及髓　无待蓍龟
六五　贯鱼以宫人宠，无不利。	鸟集鳞萃　众流归海
上九　硕果不食，君子得舆，小人剥庐。	硕果仅存　剥极必复

卦爻辞释义及智慧鉴用

卦辞　不利有攸往。

释义　"剥卦"象征剥落，不利于有所前往。剥有侵蚀、风化、剥落的意思。

智慧鉴用　本爻借山石风化剥落设喻，象征正气衰退，经济败落，权势被小人所操持。即小人道长，君子道消的渐变过程。当溃败之势显露之时，不利于进取发展，君子要识时务且灵活机动，主动退守。这时应在"消息盈虚"之时"安宅正路"。

爻辞　初六　剥床以足，蔑贞，凶。

释义　剥蚀床体先由床腿开始，整个床腿都损坏了，结果必然凶险。

智慧鉴用 "初六"讲的是根部受到侵蚀损坏,就如同床足受到侵蚀,如果对此现象掉以轻心,不加以警惕的话,只会加深损坏程度,导致灭顶之灾。因此在"抽丝剥茧"之时,要有"见微知著"的智慧。

爻辞 六二 剥床以辨,蔑贞,凶。

释义 "辨"是指辨别上下,对于床来说是指床足和床板之间。本爻词的意思是床腿剥蚀后,又开始剥蚀床干,以至于整个床都坏了,结果必然凶险。

智慧鉴用 "六二"讲床足受到剥蚀已明辨可见,但仍掉以轻心,不及时采取必要的强有力的措施来矫正,将会进一步受到更为严重的伤害。这就是"剥床及肤,养痈遗患"的道理。

爻辞 六三 剥之,无咎。

释义 虽然剥蚀,无灾。因为与自己无关。

智慧鉴用 "六三"讲在原有的正道逐渐遭到剥蚀破坏的时候,要想方设法摆脱剥道,远离小人,要独善其身、超世脱俗、刚柔并济。坚决不同小人同流合污,并找准机会反戈一击。使坏事转变成好事。这就是"塞翁失马,焉知非福"的哲理。

爻辞 六四 剥床以肤,凶。

释义 剥蚀床体危及肌肤,有凶险。

智慧鉴用 "六四"讲剥蚀已经到了非常严重的时候了。喻示推崇剥道的小人已全面掌控大权,这不仅是消剥正道的问题,而是要毁灭正道的问题,这时已经是"剥肤及髓,无待蓍龟"的危险地步了。

爻辞 六五 贯鱼以宫人宠,无不利。

释义 鱼贯而入,像率领宫人顺承君王那样得到宠爱,没有什么不利。

智慧鉴用 "六五"讲剥道至极之时,在位君王若能看到小人的危害,就要限制他们的权力,不给他们话语权,迫使他们弃暗投明,使正义得到回归。这就是"鸟集鳞萃,众流归海"的道理。

爻辞 上九 硕果不食,君子得舆,小人剥庐。

释义 有硕大的果子而没被摘食,君子得到驾车济世,小人得之则会剥蚀万家。

智慧鉴用 "上九"以"硕果"设喻,有硕大之果而未被摘食,如果被君子摘取可驱车济世,如果被小人摘取则剥蚀万家。在阴盛阳衰,小人乱世至极之时,正道开始复归,拨乱反正的机会来了,阴柔小人无处藏身,暴露于光天化日之下,受到万民的谴责。这就是"硕果仅存,剥极必复"的历史规律。

复 卦

智慧精华 如何做到迷途知返、实现柳暗花明又一村？

《易传》曰："先王以至日闭关，商旅不行，后不省方。""复"是自然界的常见现象，如四季更迭、寒往暑来，日东升西落、动物冬眠春醒等等，都呈现出一种周而复始的规律性运动。

"复卦"借冬至这一天"阳长阴消"的四时变化规律，阐明了事物的发展总是在"否极泰来"和"泰极否来"之间规律性变化。告诫人们要自省，发现错误及时纠正，绝不能执迷不悟。请看复卦"迷途知返，一元复始"的智慧与鉴用。

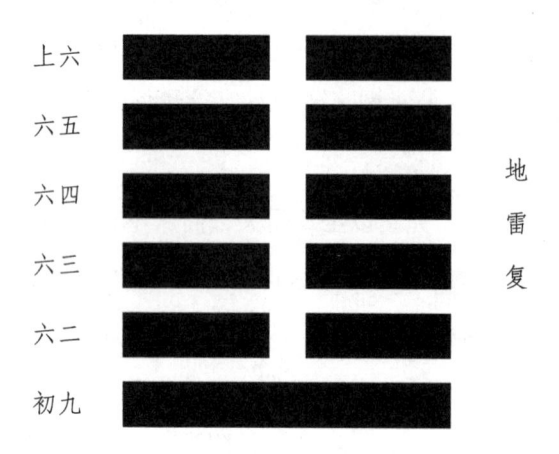

卦象

```
上六  ▬▬  ▬▬
六五  ▬▬  ▬▬
六四  ▬▬  ▬▬
六三  ▬▬  ▬▬
六二  ▬▬  ▬▬
初九  ▬▬▬▬▬
```

地雷复

经文	成语解卦
复：亨，出入无疾，朋来无咎，反复其道，七日来复，利有攸往。	休养生息　七日来复
初九　不远复，无祗悔，元吉。	一元复始　万象更新
六二　休复，吉。	不失时机　东山再起
六三　频复，厉，无咎。	变动不居　亡羊补牢
六四　中行独复。	动静有常　独来独往
六五　敦复，无悔。	返璞归真　深中隐厚

上六　迷复，凶，有灾眚，　　　错综复杂　迷途知返
　　　用行师，终有大败，
　　　以其国君凶，至于
　　　十年不克征。

卦爻辞释义及智慧鉴用

卦辞　亨，出入无疾，朋来无咎，反复其道，七日来复，利有攸往。

释义　亨通顺利，或出或入都没有疾病，朋友前来无灾难危害。返转复归遵循一定的规律，七天中打一个来回。利于往前进发。

智慧鉴用　复卦借阳长阴消之四时的变化规律，阐明了"事物的发展总是螺旋上升曲折前进"的这一哲理，劝解人们要"守中""守正""不过无不及"。山重水复终有路，在复兴正道的事业上，采取开放政策，及时、认真总结经验和教训，在受到挫折时要树立必胜信念，要坚定不移、百折不挠地继续前进，必能通达顺利。但如果误入歧途，一定要及时回归正道，改过自新，万万不可执迷不悟。这就是"休养生息，七日来复"的哲理和智慧。

爻辞　初九　不远复，无祗悔，元吉。

释义　"祗"（zhī）指大，"祗悔"指大的悔恨。本爻意

思是：走得不远就发现错了，意指及时复归正道，没有大的懊悔，至为吉利。

智慧鉴用 "初九"告诉我们在追求理想目标的初始阶段，难免会遇到艰难挫折，甚至发生错误，但不能灰心丧气。只要我们能够及时发现问题，纠正错误，坚定信念，就一定能实现自己的目标。这就是"一元复始，万象更新"的规律。

爻辞 六二 休复，吉。

释义 停止错误的做法返回正道，吉祥。

智慧鉴用 "六二"告诉我们万事开头难，特别是在事业的起步阶段，往往是机遇与困难并存。克服了困难，就等于抓住了机遇；如果不能迎难而上，则很多机遇就消逝即去。因此，只要我们决心完成一件任务，就应该抓住时机，利用一切有利条件，使之能化为前进的动力，那么前景就会越来越好。这就是"不失时机，东山再起"的智慧。

爻辞 六三 频复，厉，无咎。

释义 屡次犯错误却又能屡次及时改正过错、复归正道，这样虽然有一定危险，但却不会遇到大的灾祸。

智慧鉴用 "六三"告诉我们在复归正道的过程中，旧习难改，屡犯错误，使事业时好时坏、多次反复，令人危惧不安。但如仍能知过就改,就有希望走上正道,获得成功。这就是"变动不居,亡羊补牢"的道理。

爻辞 六四 中行独复。

释义 与多人一同出行,中途独自返回。

智慧鉴用 "六四"告诉我们在事业复兴之时,正人君子须要坚定不移地以维护复兴中正之道为己任,积极上进;选择做一个有主见,有理想,不随波逐流的人。这就是"动静有常,独来独往"的智慧。

爻辞 六五 敦复,无悔。

释义 敦厚而笃诚地返回,没有悔恨。

智慧鉴用 "六五"告诫我们,即使功成名就、身居高位,也不能产生骄傲自满的想法,一定要谦虚谨慎、平静如水,以敦厚之心复归善道。这就是"返璞归真,深中隐厚"的智慧。

爻辞 上六 迷复,凶,有灾眚,用行师,终有大败,以其国君凶,至于十年不克征。

释义 犯了错误,仍然执迷不悟,不知悔改,定会遇到凶险,会有灾祸降临。在这种情况下,派兵出征,终将大败;用于治国,国君遭受凶险。这样的状况若不改变,十年之内国家都不宜再出兵打仗。

智慧鉴用 "上六"告诫我们，不管处在多高的位置，如果远离正道而不知自返，且执迷不悟，定会遇到凶险。所以在厄运来临时，一定要审时度势，要复归正道，否则后果不堪设想。这就是"错综复杂，迷途知返"的智慧。

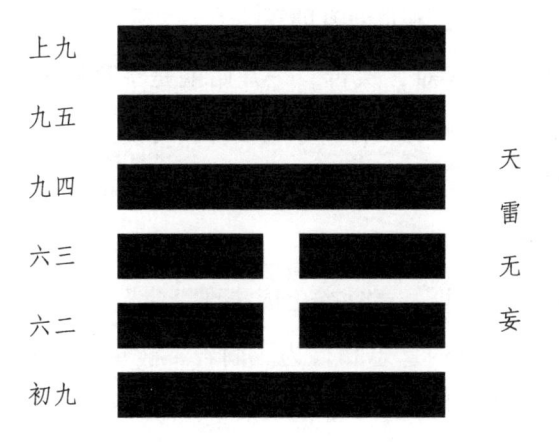

无妄卦

智慧精华 如何遵时养晦、顺时而动，避免无妄之灾？

《易传》曰："先王以茂对时育万物。"一个人的主观愿望要符合客观现实，要遵循正道不妄为；不可野心过大，要放弃不切实际的异想天开；要像种农田一样，遵守时令规律，收获合理的产量；否则会惹是生非，不利于事业发展。请看无妄卦"春耕细作，硕果累累"的智慧与鉴用。

卦象

上九
九五
九四
六三
六二
初九

天雷无妄

经文		成语解卦	
无妄：	元亨，利贞。其匪正，有眚，不利有攸往。	无妄之福	遵时养晦
初九	无妄，往吉。	贤良方正	无往不利
六二	不耕获，不菑畲，则利有攸往。	春耕细作	硕果累累
六三	无妄之灾，或系之牛，行人之得，邑人之灾。	无妄之灾	殃及池鱼
九四	可贞，无咎。	待时守分	无动为大
九五	无妄之疾，勿药有喜。	无妄之忧	不药而愈
上九	无妄行有眚，无攸利。	审时度势	顺时而动

卦爻辞释义及智慧鉴用

卦辞 元亨，利贞。其匪正，有眚，不利有攸往。

释义 眚：灾难，疾苦。一开始就是亨通顺利的，宜于守正。不守正道则有灾害，不利于外出行动。

智慧鉴用 无妄卦主要是强调主观愿望要符合客观现实，不可利欲熏心、野心过大、不切合实际和异想天开。劝诫人们要至诚守正，言行举止依法理、合人情，不要以一己之私欲影响自己的意志和行为。倘若不能正视现实而妄为，则会惹是生非，不利于事业的发展。这就是"无妄之福，遵时养晦"的道理。

爻辞 初九 无妄，往吉。

释义 心中不怀妄念，做事遵守规则，就会很顺利。

智慧鉴用 "初九"告诉我们在事业发展的初始阶段，所需要强调的是不妄动，不盲目躁行，一切从实际出发，固守正道，按照规律循序渐进。这就是"贤良方正，无往不利"的规律。

爻辞 六二 不耕获，不菑畲，则利有攸往。

释义 "耕"是耕作；"获"是收获；菑畲（zīyú）："菑"指垦荒，"畲"开垦过两年以上的田地。本爻意思是不要刚耕作就期望获得丰收，不要刚开荒就期望它变成良田，只有这样，才有利于行事。

智慧鉴用 "六二"告诉我们不要在刚刚耕作播种时就把预想的收获当作现实，也不要在垦荒时就把生地当成熟田。只有以这种根据现实、实事求是，从实际出发的心态，去从事自己的事业才会有利。这就是"春耕细作，硕果累累"的规律。

爻辞 六三 无妄之灾，或系之牛，行人之得，邑人之灾。

释义 无缘无故而遭受灾祸，有人把一头牛拴在路旁，路人顺手把牛偷走，村人却被无端怀疑为盗贼。

智慧鉴用 "六三"告诉我们人在社会生活中，有时还会遇到无妄之灾，比如说某人将牛系在家门口，不料牛挣脱缰绳，逃往外地，被行路之人顺手牵走了。这时村里的其他人往往会蒙受冤屈，被作为怀疑对象受到不应该有的惩罚。这就是"无妄之灾，殃及池鱼"的道理。

爻辞 九四 可贞，无咎。

释义 若能够坚守正道，才不会有灾祸发生。

智慧鉴用 "九四"告诉我们：一个人要坚持贞固守信，不要野心过大，而不切合实际地异想天开，只要不妄为，就不会出现大的过错。这就是"待时安分，无动为大"的智慧。

爻辞 九五 无妄之疾，勿药有喜。

释义 患上了意想不到的病，但不服药却痊愈。

智慧鉴用 "九五"告诉我们：一个人做事要刚实不虚妄，要从多方面审视自己的所作所为，只要是正确的就要坚持，不要轻易地改变自己的初衷，要坚定信念，即使有些困难和危险，也能逢凶化吉，就像一个身体强壮的人偶遇风寒，凭他自己的生理机能，也可不治而愈。这就是"无妄之忧，不药而愈"的道理。

爻辞 上九 无妄行有眚，无攸利。

释义 虽不妄为，但行动却遇到灾难，所以不会有什么收益、好处。

智慧鉴用 "上九"告诉我们任何事物发展到极致，都会向相反的方向发展转化，到了这一爻，所有的时机都已过去了，虽然在主观上并不存在荒谬不合理的虚妄想法，但在具体行动过程中，由于时过境迁、机会已不复存在，或者存在着违背客观规律的过失行为。如果继续前行，肯定招致祸害。因此必须"审时度势，顺时而动"地做好今后的工作。

大畜卦

智慧精华 如何揆理度势、"多识前言往行",使自己的事业走上康庄大道?

《易传》曰:"君子以多识前言往行。"成功者要想取得更大的成绩,要多汲取前贤的佳言和善行,从而积蓄道德、学问和经验;团队里要有经验丰富、德高望重的贤才;同事之间要有自愿为共同的事业奉献的精神;领导自己要有海纳百川的度量,要把以往的成功当作新起点,日益精进。请看大畜(xù)卦"富商蓄贾,前言往行"的智慧与鉴用。

卦象

上九	▅▅▅▅▅▅▅
六五	▅▅ ▅▅
六四	▅▅ ▅▅
九三	▅▅▅▅▅▅▅
九二	▅▅▅▅▅▅▅
初九	▅▅▅▅▅▅▅

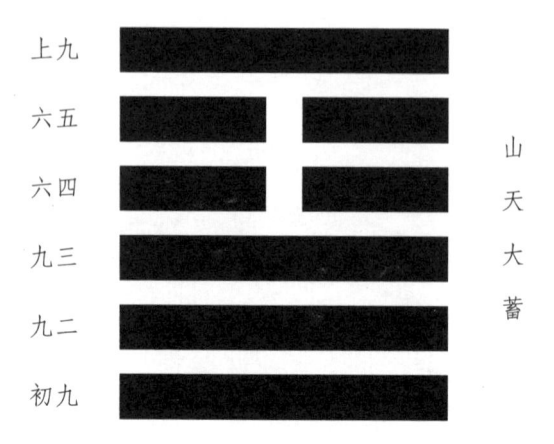

山天大畜

经文	成语解卦	
大畜：利贞。不家食，吉。利涉大川。	富商蓄贾	前言往行
初九 有厉，利已。	事危累卵	砥砺琢磨
九二 舆说輹。	策马飞舆	揆理度势
九三，良马逐，利艰贞，曰闲舆卫，利有攸往。	膏车秣马	群雄逐鹿
六四，童牛之牿，元吉。	神牵鬼制	以防不测
六五，豮豕之牙，吉。	防患未萌	百炼成钢
上九，何天之衢，亨。	高步云衢	康庄大道

卦爻辞释义及智慧鉴用

卦辞 利贞。不家食，吉。利涉大川。

释义 大的蓄有，要坚守正道，不消极避世，可以获得吉祥。利于涉过大河。

智慧鉴用 大畜卦讲的是：人们在财富和德行、学问、修养方面的蓄聚，不但要克制轻浮骄妄，而且要提倡和鼓励向先贤、向专家学习，要静以修身，俭以养德；要海纳百川，积小成大；要虚怀若谷，日益精进。作为先贤长者，要以上畜下，支持、引导和帮助后辈，要起到引领的作用。这就是"富商蓄贾，前言往行"的道理。

爻辞 初九　有厉，利已。

释义 有危险，适宜停止。

智慧鉴用 "初九"告诉我们在积蓄资本和才学德能的初级阶段，躁动冒进将有危厉，在各方面条件于己不利之时，一定要暂时止而不进，养精蓄锐，等待时机。这就是"事危累卵，砥砺琢磨"的告诫。

爻辞 九二　舆说輹。

释义 "舆"指车子；"说"（tuō）同"脱"，指脱离；"輹"（fù）是车轴。本爻的意思是：车轮脱离了车轴，无法前进。

智慧鉴用 "九二"告诉我们，在时机不成熟难以行进之时，您要审时局、知进退，冷静地暂时放弃进取计划，进一步地积蓄力量。如同卸下车轮保养车子一样，把车子保养好了，才能更安全更快速地行驶。这就是"策马飞舆，揆理度势"的智慧。

爻辞 九三　良马逐，利艰贞，曰闲舆卫，利有攸往。

释义 "闲"通"娴"，指娴熟；"舆"这里指驾车；"卫"指防卫。本爻的意思是：骏马驾车奔驰，前进的道路上有各种艰难曲折。只有娴熟地掌握了驾车和防卫的本领，才利于行事。

智慧鉴用 "九三"是讲：进取前行的时机已到，要不失时机、利用自身的有利条件同对手开展良性竞争，这种竞争要合德、合法；要有娴熟的本专业科学技术知识和丰富的管理经验；要有不畏艰险、勇往直前的创业精神。只有这样才是"良马逐"的竞争局面。这就是"膏车秣马，群雄逐鹿"的智慧。

爻辞 六四 童牛之牿，元吉。

释义 "童牛"指未经驯服的小牛。"牿"（gù）用来防止牛角抵人而安在牛角上的横木。本爻的意思是：为防止小牛犊抵人，给它头上系上横木以约束它，吉利。

智慧鉴用 "六四"以"童牛"设喻，"童牛之牿"是束缚它的野性。"爱"是教育的重要力量，爱人才、惜人才，是国家强盛的基础。人才的培养同样离不开爱，真正的爱是有许多方式的，其中一条就是管教，即约束，让他们从小就懂得，每一个人都要对自己的行为负责，才能走好人生的每一步。所以既要防止他过早过度的冲动，又要保护他刚健敢闯的气质，以利于时机和条件成熟以后勇于进取。这就是"神牵鬼制，以防不测"的智慧。

爻辞 六五 豶豕之牙，吉。

释义 "豶"（fén）指阉割；"豕"（shǐ）指公猪。本爻的意思是：面对长有锋利牙齿的猪，将它阉割，这样就可以制服它的烈性，使其驯服，可获大吉。

智慧鉴用 "六五"以阉割雄猪设喻，形象地比拟了对刚暴难制、恃才傲物的人，采取必要的手段加以制服，使其更好地为社会服务。这就是"防患未萌，百炼成钢"的道理。

爻辞 上九 何天之衢，亨。

释义 "何"通"荷"，为承受之意；"衢"（qú）为交通要道。本爻意思是：像天空一样通行无阻的道路，亨通顺利。

智慧鉴用 "上九"讲的是指身居要位者要培养人才、善于使用人才、鼓励人才报效国家。处在下位者要注重自己才学的积蓄和德行的修养。上下相辅相成，双方融合相处，群英汇集，各显其能，自然可以大展宏图，诸事无往而不胜。这就是"高步云衢，康庄大道"的道理。

颐 卦

智慧精华 颐养天年，如何慎言语、节饮食，留足老本，自求多福？

《易传》曰："君子以慎言语、节饮食。"老人要"自求口实"，留足自己的养老钱，不给子孙后代增添负担；说话要"慎言语"，不说过头话；吃饭要"节饮食"，要以清淡为主，讲究吃好、节俭而不浪费；请看颐（yí）卦"颐养天年，自求多福"的智慧与鉴用。

卦象

上九	▬▬▬▬▬
六五	▬▬ ▬▬
六四	▬▬ ▬▬
六三	▬▬ ▬▬
六二	▬▬ ▬▬
初九	▬▬▬▬▬

山雷颐

经文	成语解卦	
颐：贞吉。观颐，自求口实。	颐养天年	自求多福
初九 舍尔灵龟，观我朵颐，凶。	大快朵颐	临渊羡鱼
六二 颠颐，拂经，于丘颐，征凶。	主客颠倒	蔑伦悖理
六三 拂颐，贞凶，十年勿用，无攸利。	非分之财	凶多吉少
六四 颠颐，吉。虎视眈眈，其欲逐逐，无咎。	博施济众	引领而望
六五 拂经，居贞，吉。不可涉大川。	称家有无	积谷防饥
上九 由颐，厉吉，利涉大川。	父慈子孝	期颐之寿

卦爻辞释义及智慧鉴用

卦辞 贞吉。观颐，自求口实。

释义 "贞"指正道；"观"是审视自己和观察别人；"口实"指实物，意思是：养老要看一下自己的积蓄，如果够用，才能获得吉祥。

智慧鉴用 颐是颐养的意思，颐卦讲的是关于如何养老的问题。它告诉我们，无论是自养还是养人，都必须守持正固之道才能吉祥。颐养的正道是自求口实，反对求养于人，提倡"养生"，更注重"养德"。这就是"颐养天年，自求多福"的道理。

爻辞 初九 舍尔灵龟，观我朵颐，凶。

释义 自己舍弃像神龟一样的宝物，却看别人大口吃肉，凶险。

智慧鉴用 本爻启示人们要自力更生，靠自己的能力来养老，这样既有尊严，又能体现自己的价值，还能持久。但如果老人在有生之年，将自己的财产全部送给儿女，自己不留养老钱，是一件非常危险的事情。"舍尔灵龟，观我朵颐"者，最终只能得到"凶"的结果，这就是"大快朵颐，临渊羡鱼"的道理。

爻辞 六二 颠颐，拂经，于丘颐，征凶。

释义 "颠"指颠倒；"拂"是指违背、违逆；"经"指经常；"丘"指高处；"征"指远征。意思是：颠倒养老方式，有违常理，凶险。

智慧鉴用 "六二"讲的是：成年子女向老人要钱要物，颠倒养育之道，违背养老的常规之理。成年子女要走自力更生之路，通过自身的努力，实现自己养自己的基本目标。如果不顾自尊，贪图安逸，梦想天上掉下馅饼或坐在家里啃老，这样做肯定是凶险的。这就是"主客颠倒，蔑伦悖理"的道理。

爻辞 六三 拂颐，贞凶，十年勿用，无攸利。

释义 本爻意思是：违背了颐养的正道，必有凶险，十年内没有作为，也没有利益。

智慧鉴用 "六三"讲靠拂掠他人之实物生存，违背了颐养之正道，结果招致凶灾。这种不求自养而拂掠他人的颐养思想和方法终不可用，也不会有什么收获。此时应该调整心态，静心正意，依靠自己的主观努力和正当办法来解决养老问题，而不是用不正当的手段求养于人。这就是"非分之财，凶多吉少"的道理。

爻辞 六四 颠颐，吉。虎视眈眈，其欲逐逐，无咎。

释义 颠倒的颐养，指的是取于民而用于民，吉祥。需要食物的人像老虎要扑食那样，专心注视，孜孜以求，没有过错。

智慧鉴用 该爻告诉我们：取于民而用于民的吉祥，是居上位者能有下施光明的美德。这就是"博施济众，引领而望"的道理。

爻辞 六五 拂经，居贞，吉。不可涉大川。

释义 违背了颐养的常理,但坚守正道可获吉祥。不可以远涉大江大河。

智慧鉴用 目前我国社会上的养老方式是复杂多样的,有传统的依靠子女养老,有退休后靠退休金自己养老,有靠积蓄、利息或租金养老,也有靠社会救济养老,有些老人不但养自己还养着孩子和孙子等。不管采取哪种养老方式,都要依据本人的现实情况,以一家人能够和睦、幸福、快乐、健康和尊老爱幼的正道为目的,条件允许的时候再留些积蓄。这就是"称家有无,积谷防饥"的道理。

爻辞 上九 由颐,厉吉,利涉大川。

释义 顺从颐养之道,虽然经历了危险,但最终获得了吉祥,可以涉越大河。

智慧鉴用 该爻告诉我们:一个老人首先要以德自养,并能适当地为子女做些力所能及的事,帮助子女渡过创业和持家双重压力的困难时期,使一家人能够其乐融融的生活是一件多么幸福的事啊!这就是"父慈子孝,期颐之寿"的道理。

大过卦

智慧精华　犯了大的过错,如何做到过而能改、救过补阙?

《易传》曰:"君子以独立不惧,遁世无闷。"君子犯了大的过错或有大的过失,要勇于改正,就是被孤立也不畏惧、不悲观失望,并学会隐忍或隐退。对自己的过错要认真整改和反思,能挽回的尽力快速挽回,把损失和风险都要降到最低程度。同时做人和做事须要更加小心谨慎,从而达到化解危机、转危为安的目的。请看大过卦"救过补阙,遁世无闷"的智慧与鉴用。

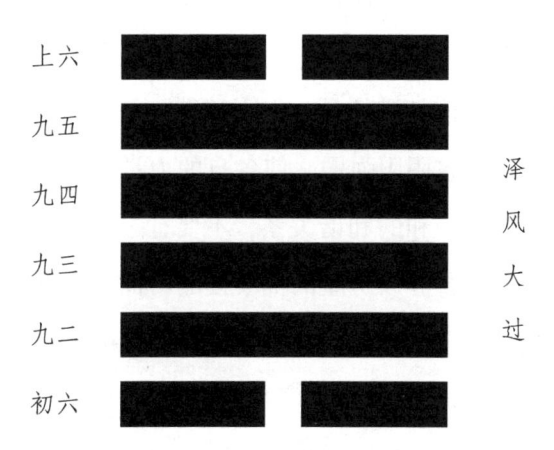

卦象

```
上六  ▬▬  ▬▬
九五  ▬▬▬▬▬▬
九四  ▬▬▬▬▬▬       泽风大过
九三  ▬▬▬▬▬▬
九二  ▬▬▬▬▬▬
初六  ▬▬  ▬▬
```

经文	成语解卦
大过：栋桡，利有攸往，亨。	救过补阙　遁世无闷
初六　借用白茅，无咎。	竹篱茅舍　安时处顺
九二　枯杨生稊，老夫得其女妻，无不利。	枯杨生稊　夫负妻戴
九三　栋桡，凶。	摧刚为柔　生栋覆屋
九四　栋隆，吉。有它，吝。	外刚内柔　过而能改
九五　枯杨生华，老妇得其士夫，无咎，无誉。	枯树生华　养贤纳士
上六　过涉灭顶，凶，无咎。	灭顶之灾　遗世独立

卦爻辞释义及智慧鉴用

卦辞 栋桡,利有攸往,亨。

释义 桡(náo):脆弱曲折。屋梁压得弯曲了,有所往则有利,通泰。

智慧鉴用 该卦讲的是:阳刚过度,需要调整,此时必须采取措施,调整阴阳强弱,使各自的力量对比处于相对平衡的状态,保持中和的和谐关系,不要有过越的行为,这样才能转危为安。卦辞以房屋的栋梁设喻,栋梁虽然身负支撑上层主体结构的重担,但它埋藏在墙体两端的部位,却显得很不起眼但很刚强。如此外柔内刚,有利于前往成就大事业。这就是"救过补阙,遁世无闷"的智慧。

爻辞 初六 借用白茅,无咎。

释义 恭敬地用白色茅草垫着祭品,可以无灾祸。

智慧鉴用 该爻告诫我们,当面对大为过甚的对手时,要以超强的谨慎态度慎始而虑终,确保自身平安。这就是"竹篱茅舍,安时处顺"的智慧。

爻辞 九二 枯杨生稊,老夫得其女妻,无不利。

释义 "稊"(tí):形似稗子的野草。枯杨发芽,老头娶少女为妻,并无不吉利。

智慧鉴用 该爻以枯槁的杨树生出嫩芽新枝,龙钟老汉娶了一个年少娇妻设喻,告诫人们这时要以阴柔抑制过度的阳刚,使之阴阳相济。对于严重偏离正道的事物应采取超常的果断措施,否则就不会有好结果。这就是"枯杨生稊,夫负妻戴"的智慧。

爻辞 九三 栋桡,凶。

释义 房屋的栋梁承受过重而向下弯曲,结果必然凶险。

智慧鉴用 该爻以栋梁承受过重的外力设喻,告诫我们:对于一个阳刚进取的事业型人才,适当压担子对促进工作是有利的,但过分地压担子,就事与愿违了,结果必然凶险。这就是"摧刚为柔,生栋覆屋"的哲理。

爻辞 九四 栋隆,吉。有它,吝。

释义 屋梁挺直向上隆,吉利。但如果有意外发生,也有不利之处。

智慧鉴用 该爻告诫我们:一个人太柔或太刚都不好,就像一根栋梁,向下弯曲到一定程度就会断裂,但向上隆起超过一定的限度也会断裂或完全损毁,造成风险。所以我们在某些时候也要有"外刚内柔"的品质,因此"外刚内柔,过而能改"也是做人必备的智慧和品德。

爻辞 九五 枯杨生华，老妇得其士夫，无咎，无誉。

释义 枯杨开花，老妇人嫁给一个年轻人，没有过错，但也不值得颂扬。

智慧鉴用 该爻用"枯杨生华"的短期荣盛设喻，告诫人们"大过"之时，应采取非常之举，即使没有成功，但也没有什么过错，毕竟自己努力了。这就是"枯树生华，养贤纳士"的智慧。

爻辞 上六 过涉灭顶，凶，无咎。

释义 涉水，水深过头顶，有凶险，没过错。

智慧鉴用 该爻指的是：您的行为合乎正道，但却不合时机，所以正而不得吉，但其行为并无过错。表明人生前进的道路是曲折而复杂的系统工程，这也是"无平不陂"的易道变化规律。因此在"灭顶之灾"来临之前，就要"遗世独立"，切忌硬碰硬，俗话说"留得青山在，不怕没柴烧"，便是这个道理。

坎 卦

智慧精华 当遇到坎坷不平、避井入坎的艰难时段，怎样做才能及时救难解危？

《易传》曰："君子以常德行、习教事。"当自己遇到祸不单行、坎坷重重之时，一定要保持一颗泰然之心，如何接受目前的现实，不被困难所吓倒？怎样从中汲取教训，修正自己的品行，诚心正意地向经验丰富的人学习请教？请看坎卦"坎坷不平，兼权尚计"的智慧与鉴用。

卦象

坎为水

坎卦

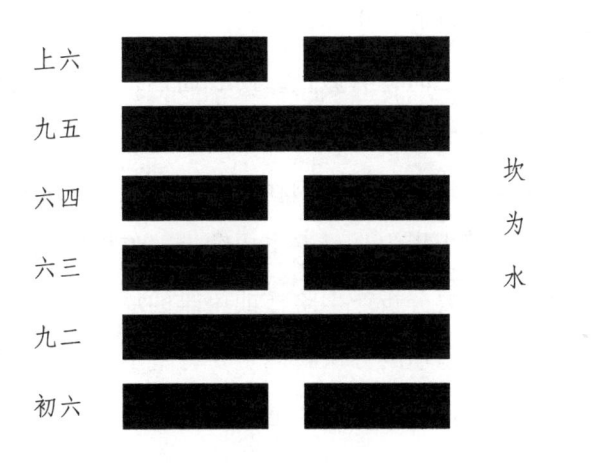

	经文	成语解卦	
习坎：	有孚维心，亨，行有尚。	坎坷不平	兼权尚计
初六	习坎，入于坎窞，凶。	避井入坎	求亲靠友
九二	坎有险，求小得。	履险蹈危	得寸则寸
六三	来之坎，坎险且枕。入于坎窞，勿用。	艰难坎坷	救难解危
六四	樽酒簋，贰用缶，纳约自牖，终无咎。	陷身囹圄	运筹借箸
九五	坎不盈，祗既平，无咎。	消息盈虚	流行坎止
上六	系用徽纆，寘于丛棘，三岁不得，凶。	天荆地棘	潜蛟困凤

卦爻辞释义及智慧鉴用

卦辞 有孚维心，亨，行有尚。

释义 坎坷之时，有诚信，内心通达，意志坚定而刚毅的行为，必将受到尊重。

智慧鉴用 坎卦告诉我们在身陷险境之时，要最大限度地保全自己，减少损失，最终走出险境。怎样才能顺利地渡过险境呢？一是要分析产生险情或困难的原因；二是要找到战胜困难和脱离险境的方法；三是要有坚定的解决困难的信心和恒心，这种信心可以产生巨大的精神力量。这就是"坎坷不平，兼权尚计"的智慧。

爻辞 初六 习坎，入于坎窞，凶。

释义 窞（dàn）：深坑。该爻的意思是：在重重险阻坎坷之中，又掉入陷阱，有凶险。

智慧鉴用 该爻告诉我们：面对重重坎坷和险阻，自己已经无法渡过这道难关，这时您一定要及时求助外援，绝不能自己一人硬扛，不然后果将十分凶险。这就是"避井入坎，求亲靠友"的智慧。

爻辞 九二 坎有险，求小得。

释义 坎中有险，从小到大逐步解决。

智慧鉴用 该爻讲的是：在处于困难险阻之时，要主动寻找脱离险情的办法，危险之中只能做力所能及的事，要先易后难、先小后大的逐步解决，依序向前推进。这就是"履险蹈危，得寸则寸"的智慧。

爻辞 六三 来之坎，坎险且枕。入于坎窞，勿用。

释义 来去都是险难重重，四处充满了危险和困难。掉入陷阱之中，不可能有所作为。

智慧鉴用 该爻讲的是：凶险接踵而来，此时进退维谷，勉强挣扎是徒劳无益的，只可耐心静守，再一次枕险待援。这就是"艰难坎坷,救难解危"的道理。

爻辞 六四 樽酒簋,贰用缶,纳约自牖,终无咎。

释义 "樽"本意为盛酒的器具,这里指往酒器里倒酒;"簋"(guǐ)是古代青铜或陶制的盛食物的容器;"缶"为瓦器。"牖"(yǒu)指窗户。本爻意思是:一盅酒与两盘菜,用瓦盆盛着,从窗户送进来,最终没有灾难。

智慧鉴用 该爻告诉我们:身处险阻困境之时,要言语谨慎,行为收敛,做人低调;要结交君子,以求早日走出险境。这就是"身陷囹圄,运筹借箸"的智慧。

爻辞 九五 坎不盈,祇既平,无咎。

释义 "祇"(zhī):仅仅是。坎陷尚未满盈,抵达齐平的程度,没有灾害。

智慧鉴用 该爻告诉我们:没有险阻就没有盈满,没有土丘就没有平地。危险将要过去时,要进一步做到刚柔相济而不自满,刚进而不偏激,谦下而又仁厚,只要坚持以不偏不倚的中正原则行事,诚实守信做人,就能踏平险阻走上正途。这就是"消息盈虚,流行坎止"的规律。

爻辞 上六 系用徽纆,寘于丛棘,三岁不得,凶。

释义 徽纆(huī mò):绳索。用黑色绳索捆绑起来,放在荆棘丛中，三年不能出来，有凶祸。

智慧鉴用　该爻讲的是：人生的道路充满了艰难挫折，可谓是困难重重，"天荆地棘"。但一个强者应当经得起磨炼，并不断地总结经验和教训，要圆木警枕、刚健有为，不能永远做"潜蛟困凤"。

离 卦

智慧精华 如何做正大光明之人,实现日月丽天、博施济众之目的?

《易传》曰:"大人以继明照于四方。"世界上一切事物的矛盾、平衡、继承和发展,都需要顺应天道和人心这一规律;卦辞以母牛柔顺的性格设喻,告诫人们要以诚敬、柔和中正的心态去继承前人的光明事业。请看离卦"日月丽天,仁民爱物"的智慧与鉴用。

卦象

上九
六五
九四
九三
六二
初九

火为离

	经文		成语解卦
	离：利贞，亨。畜牝牛，吉。	日月丽天	仁民爱物
初九	履错然，敬之，无咎。	履舄交错	敬老尊贤
六二	黄离，元吉。	正大光明	通元识微
九三	日昃之离，不鼓缶而歌，则大耋之嗟，凶。	日中则昃	功遂身退
九四	突如其来如，焚如，死如，弃如。	突如其来	鱼烂而亡
六五	出涕沱若，戚嗟若，吉。	涕泗滂沱	忧患余生
上九	王用出征，有嘉折首，获匪其丑，无咎。	御驾亲征	摧坚获丑

卦爻辞释义及智慧鉴用

卦辞 利贞，亨。畜牝牛，吉。

释义 "畜"是畜养；"牝牛"指母牛。本卦辞意思是：坚守正道有利，亨通；畜养柔顺的母牛，可得吉祥。

智慧鉴用 世间的一切事物都存在着"矛盾""平衡""继承""发展"，这些发展和变化，都需要具备一定的条件，遵循一定的规律。当进步合理的一方占主要地位时，便会出现光明的前景，也即是"离"象出现的时候，它需要以诚敬"柔和中正"的心态去继承和维护。卦辞以母牛柔顺的性格设喻，告诉我们要有勤勤恳恳、踏踏实实的敬业精神，顺应天道和人心，可获平安吉祥。这就是"日月丽天，仁民爱物"的卦德。

爻辞 初九 履错然，敬之，无咎。

释义 "履"是鞋子，这里指行走。"错然"是指错乱的样子。本爻意思是步子错乱，但保持恭敬谨慎，就没有过错。

智慧鉴用 该爻告诉我们：从事光明而伟大的事业之初，面对错综复杂的局面，要以诚敬之态度，谨慎地制定和执行计划。依附于他人时，不要躁动冒进，而应保持恭敬谨慎的心态，不能乱了礼节规矩，以取得对方的充分信任。这就是"履舄交错，敬老尊贤"的智慧。

爻辞 六二 黄离，元吉。

释义 附着黄色，可获得吉祥。古时黄色代表中正之道、有权威之人，能够依附黄色表示能够坚守中正之道。

智慧鉴用 该爻告诉我们：身处文明昌盛之世，既有怀柔中正之心，又能与明智正直兼而有之的贤人交往，还能保持自己的独立人格，其结果肯定是吉祥的。这就是"正大光明，通元识微"的智慧。

爻辞 九三 日昃之离，不鼓缶而歌，则大耋之嗟，凶。

释义 "昃"（zè）：太阳偏西。"缶"指古代一种大肚子小口儿的盛酒瓦器。"耋"（dié）：年老，七八十岁的年纪，耄耋之年。意思是：夕阳垂挂的光明，如果不敲击瓦缶高歌，将导致老暮穷衰嗟叹，凶险。

智慧鉴用 此爻告诫人们：干事业必须要趁早，要珍惜时光，如果到了晚年一无所获，则将面对贫穷与疾病的灾难。只有安时处顺，尊才让贤才可免除灾祸。这就是"日中则昃，功遂身退"的规律和智慧。

爻辞 九四 突如其来如，焚如，死如，弃如。

释义 突然间燃烧的烈火，但顷刻间又消散灭亡，舍弃净尽。

智慧鉴用 该爻讲的是：人生在世不可霸气十足、桀骜自恃。作为一名想不断提升自我的人，更要遵循柔顺而任劳任怨的原则，而绝不能有不中不正的德行，更不能激进妄动。人才的培养不能像点火一样瞬间熄灭，要有一个长期的培养过程，要对其德、能、勤、绩等方面的素质进行全面的培养，不能拔苗助长，不然就会出现"突如其来，鱼烂而亡"的凶险结果了。

爻辞 六五 出涕沱若，戚嗟若，吉。

释义 涕沱（tì tuó），泪水多。泪水不停地流下，忧愁悲伤地悔过，心里反复想创业的艰辛，吉祥。

智慧鉴用 本爻讲的是：在古代明君治国时代，由于奸臣叛乱，使君王不安。明君不以自己平定了叛乱而喜，反觉得治理天下责任重大，而忧虑重重，以至于悼念先烈之情油然而生，泪如雨下，哀伤悲痛不已。这就是"涕泗滂沱，忧患余生"的道理。

爻辞 上九 王用出征，有嘉折首，获匪其丑，无咎。

释义 君王出师征伐，有丰功佳绩，斩杀了敌首，俘获了其下属，无过错。

智慧鉴用 该爻讲的是：在自身处于有利的地位时，要敢于向敌对者发动进攻，只要策略得当，能够见机行事，就一定能取得预期的效果。在取得胜利后，对敌对者要采取首恶必办、胁从不问、宽严有别的政策以争取民心。这就是"御驾亲征，摧坚获丑"的道理。

咸 卦

智慧精华 男婚女嫁，如何找到心有灵犀、情投意合的心上人？

《易传》曰："君子以虚受人。"人们的情感沟通，特别是恋人之间的感情交流，提倡诚心诚意、宽容谦让、有序有恒的美德；恋人之间既要有"红豆相思"的爱慕之情，又能坚守贞操，最终实现婚恋的目标。请看咸卦"情孚意合，男婚女嫁"的智慧与鉴用。

卦象

上六
九五
九四
九三
六二
初六

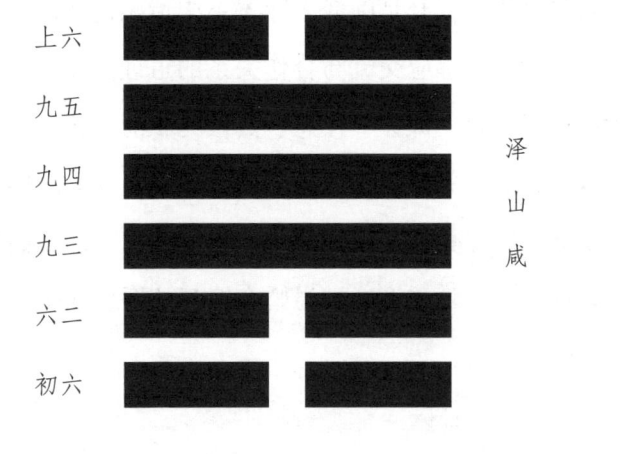

泽山咸

经文		成语解卦	
咸：亨，利贞。取女，吉。		情孚意合	男婚女嫁
初六	咸其拇。	彬彬有礼	矜平躁释
六二	咸其腓，凶。居吉。	挤手捏脚	温情脉脉
九三	咸其股，执其随，往吝。	朝欢暮乐	自取其咎
九四	贞吉，悔亡。憧憧往来，朋从尔思。	蕙心兰质	红豆相思
九五	咸其脢，无悔。	送抱推襟	甘心情愿
上六	咸其辅颊舌。	辅车唇齿	匪石之心

卦爻辞释义及智慧鉴用

卦辞 亨，利贞。取女，吉。

释义 咸:全，都。"取"通娶。意思是：亨通顺利，坚守正道有利；娶妻吉祥。

智慧鉴用 咸卦是阐释人际关系中情感沟通的道理，特别是男女之间的感应交流与合作关系的道理。在人们的交往过程中提倡宽容、谦让、任怨、真诚无私的美德，这样才能保持双方融洽、关系恒久永固。譬如，少男少女之间互有爱慕之情又能坚守贞操，以情感人、以德爱人，那么婚娶定会吉利。这就是"情孚意合，男婚女嫁"的婚恋规律。

爻辞 初六 咸其拇。

释义 "拇"这里指脚的大拇指。意思是：感应发生在脚的大拇指上。

智慧鉴用 该爻讲的是：关于人的情感与理智。男女青年之间有一种初步的好感，尚未发展到动真情的地步，不可草率谈婚论嫁。如果能以理智控制自己的情感，便会有好的结果。这就是"彬彬有礼，矜平躁释"的恋爱观。

爻辞 六二 咸其腓，凶。居吉。

释义 "腓"（féi）指小腿肚。意思是：感应发生在小腿肚上，有凶祸，安居就会吉祥。

智慧鉴用 "六二"讲与人交往尚在起步阶段，这时如果心浮气躁，急于求成，是很危险的事，只有安静自守，循序渐进才会吉祥。您要是"挤手捏脚"，也应是"温情脉脉"地注意对方的反应。

爻辞 九三 咸其股，执其随，往吝。

释义 "股"指大腿，自胯至膝盖的部分；"执"是执意、盲从；"随"是追随。意思是：感应发生在大腿上，不要跟随别人妄动，前往会有困难。

智慧鉴用 该爻讲的是：无论是谈恋爱或追随别人都不能丧失原则，自讨没趣。如果不是真心实意，而是盲从别人，仅用言语敷衍，肯定不会得到回报。这就是"朝欢暮乐，自取其咎"的道理。

爻辞 九四 贞吉，悔亡，憧憧往来，朋从尔思。

释义 "贞"是正固，这里指诚心诚意，真诚待人；"悔亡"指无怨无悔；"憧（chōng）憧往来"指往来不定，频繁交往。意思是：真诚待人可获吉祥，危难困窘将会消失。即使您心意不安，思绪不稳，朋友最后也会顺从您的意愿。

智慧鉴用 该爻讲的是：保持正当交往可获吉祥，不会有怨悔。双方经常往来，可增强思念、恩爱之情感。这就是"蕙心兰质，红豆相思"的道理。

爻辞 九五 咸其脢，无悔。

释义 "脢"（méi）指脊背肉。意思是：感应已发生在脊背上，不后悔。

智慧鉴用 该爻讲的是：情感已达到拥抱的程度，相交往时就心情愉悦、毫无怨悔，双方都不计较个人的得失。这就是"送抱推襟，甘心情愿"的道理。

爻辞 上六 咸其辅颊舌。

释义 "辅"指面部的牙床部位；"颊"指脸颊。意思是：感应发生在脸颊和口舌上。

智慧鉴用 该爻讲的是：情谊至深，牢不可破，感情已到了亲吻及谈婚论嫁的地步。这是恋爱的最高境界"辅车唇齿，匪石之心"。

恒 卦

智慧精华　如何做到守正有恒、君子以立不易方？

《易传》曰："君子以立不易方。"恒卦借喻夫妻恒久不变的爱情关系，阐述人们在交流合作中，如何保持和发展现有情谊的问题。告诫人们在立身处世中，要持之以恒、积德累善；要坚持守中、反对教条。请看恒卦"行不逾方，守正有恒"的智慧与鉴用。

卦象

上六
六五
九四
九三
九二
初六

雷风恒

经文	成语解卦	
恒：亨，无咎，利贞，利有攸往。	砥行磨名	持之以恒
初六 浚恒，贞凶，无攸利。	恒河一沙	日积月累
九二 悔亡。	立身处世	行不逾方
九三 不恒其德，或承之羞，贞吝。	为德不终	含垢包羞
九四 田无禽。	东猎西渔	一无所获
六五 恒其德，贞妇人，吉；夫子，凶。	德配天地	守经达权
上六 振恒，凶。	变化无常	凶多吉少

卦爻辞释义及智慧鉴用

卦辞 亨，无咎，利贞，利有攸往。

释义 意思是亨通顺利，没有灾祸，利于坚守正道，前行做事。

智慧鉴用 恒卦借喻夫妻恒久的爱情关系，阐述的是人们交往合作关系中如何保持和发展现有情谊的问题。卦中体现了三条原则：一是守正有恒原则，即不偏离传统道德原则。二是守中原则，任何事情都是物极必反，在事物发展过程中，要想不走向反面，就必须注意保持事物发展的平衡。三是既贞又往，反对教条主义，崇尚灵活变化的原则。总之恒德的核心就是：守恒爱、树恒心、立恒基、开恒业、置恒产。这就是"砥行磨名，持之以恒"的智慧。

爻辞 初六 浚恒，贞凶，无攸利。

释义 "浚"是疏浚，指疏通水流。爻辞意思是在疏通水流的时候，如果一开始就乱挖深掘，结果必然凶险，没有好处。

智慧鉴用 该爻告诫我们：时机不成熟，交往的深度不够，与人初交就急于要求对方深情款款地像老朋友一样对待自己是不可能的。如若固执己见，定会轻信他人而招致凶灾，不利于与人合作办事。由此可知，追求恒久之道是一个逐渐积累的漫长过程，不可能一蹴而就。这就是"恒河一沙，日积月累"的智慧。

爻辞 九二 悔亡。

释义 "亡"是指自行消失。意思是：悔恨消除。

智慧鉴用 "九二"告诉我们阳刚者应采取阴柔之道，阴柔者应采取阳刚之道，用中和之道对自己的行为加以节制。这就是"立身处世，行不逾方"的智慧。

爻辞 九三 不恒其德，或承之羞，贞吝。

释义 "或"指或许、常常；"承"是指承受、遭受；

"羞"是羞辱。本爻意思是：不能恒守德行的人，常常会受到羞辱，若坚持不改，则会有凶险。

智慧鉴用　"九三"告诉我们：一个人只有坚定立场，明辨是非，不做违背原则的事，保持自己的美德，才能免于羞辱。如果为人处事两面三刀，出尔反尔，必然被朋友、同事所不齿。这就是"为德不终，含垢包羞"的规律。

爻辞　九四　田无禽。

释义　到田间打猎，没有捕获到任何禽兽。

智慧鉴用　"九四"讲的是：一个人长久处在德不配位或不适宜的角色，整日朝三暮四，不干正事，最终是做不出任何成绩的。所以我们每一个人都要找准自己的位置，积极完成自己分内的工作，承担起家庭和社会的责任与义务，不然就会"东猎西渔，一无所获"。

爻辞　六五　恒其德，贞妇人，吉；夫子，凶。

释义　长久地保持柔顺服从的美德，对女子吉祥，对男子有凶。

智慧鉴用　该爻告诉我们：在古代崇尚男主外女主内，夫唱妇随是一种美德。现在因时代不同了，往往是要以人们所处的位置而定，而不是因性别而定，要善于权变，主要是看自己所处的"时"和"位"。

爻辞　上六　振恒，凶。

释义　摇摆不定，不能坚守长久之道，凶险。

智慧鉴用　本爻讲的是：大地震动不止，失去常态，这时必须正确地对待这一客观事实，要保持冷静，积极行动，不能随波逐流，铤而走险。做人要是好变不能守恒，就会致凶。这就是"变化无常，凶多吉少"的规律。

遁 卦

智慧精华　如何急流勇退、遁世离俗？

《易传》曰："君子以远小人、不恶而严。"人生有进就有退，"遁"是一种智慧，其原因有两种：一是被动的"遁"，因为社会反映于己不利，不得不隐退；二是主动的"遁"，因为事业处在巅峰状态，自己再也无法超越，也快到退休年龄，这时要认真观察思考，把握"遁"的时机见好就收。请看遁卦"不恶而严，遁世离俗"的智慧与鉴用。

卦象

上九　▅▅▅▅▅▅
九五　▅▅▅▅▅▅
九四　▅▅▅▅▅▅　天
九三　▅▅▅▅▅▅　山
六二　▅▅　▅▅　遁
初六　▅▅　▅▅

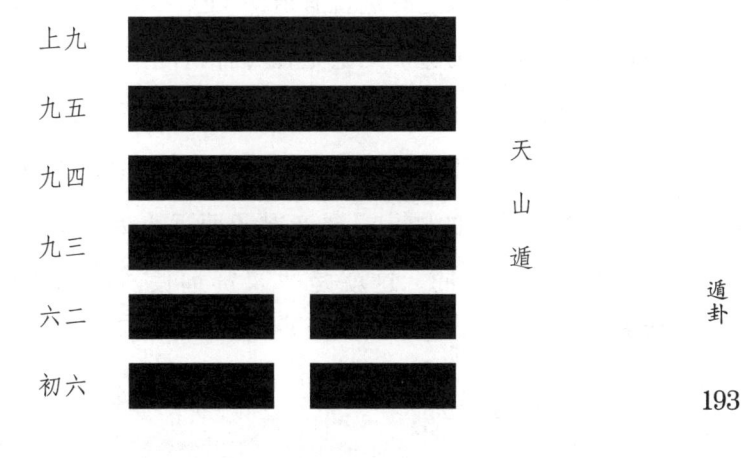

经文	成语解卦	
遁：亨，小利贞。	亲贤远佞	不恶而严
初六 遁尾，厉，勿用有攸往。	急流勇退	遁身远迹
六二 执之用黄牛之革，莫之胜说。	执迷不悟	不容分说
九三 系遁，有疾，厉。畜臣妾，吉。	进退无路	积忧成疾
九四 好遁，君子吉，小人否。	功成身退	遁世离俗
九五 嘉遁，贞吉。	丰功茂德	高飞远遁
上九 肥遁，无不利。	遁世遗荣	趋利避害

卦爻辞释义及智慧鉴用

卦辞 亨，小利贞。

释义 亨通，小事能够成功。

智慧鉴用 人生有进就有退，"退"不一定是坏事，是明哲保身、以退为进。无论是在哪种情况下的"遁"，都是退遁避险走正途，要讲求亲善和同，严守正道，心胸开阔，不谋私利；要善于观察和思考，把握有利时机，果断采取行动，不能有过多的顾虑；要亲君子而远小人，始终矜严自守，不与小人苟同。这就是"亲贤远佞，不恶而严"的智慧。

爻辞 初六 遁尾，厉，勿用有攸往。

释义 "尾"指后面。意思是：遁退不及时，将有危险，不宜冒险前行。

智慧鉴用 该爻讲的是：在事情的发展态势对自己十分不利时，果断地退却是正确的，切不可蛮干硬撑；也可能由于自身的处境不好，极容易成为办事失败的替罪羊，所以在退的过程中最好不要有其他的行动。这就是"急流勇退，遁身远迹"的智慧。

爻辞 六二 执之用黄牛之革，莫之胜说。

释义 "执"指捆住；"革"指皮革；"说"同脱，指解脱。意思是好比用黄牛皮做成的绳子捆住一样，没有人能够逃脱。

智慧鉴用 该爻讲的是：有些人思想顽固当退不退，这时要极力劝说这些思想僵化而又不明智的人，实在不行只有采取强制措施让其退却。蒙昧的坚持不会有好结果，这里又一次强调了选择时机的重要性。这就是"执迷不悟，不容分说"的道理。

爻辞 九三 系遁，有疾，厉；畜臣妾，吉。

释义 "系"指受牵连；"疾"指疾病；"畜"指畜止。意思是被牵系住而不能退遁，以至于有疾患和危险。这时应耐心等待并妥善处理好家里的事，转危为安。

智慧鉴用　该爻讲的是：退却或使人退却都是有策略的，但有的时候想退而退不了，以至于忧虑成疾。这时您应该耐心等待和与之周旋，同时要把家里的事情处理好，谨防后营起火。总之，当退不退或想退退不了，稍不注意很快就会有灾祸发生。因此，要随时注意防止"进退无路，积忧成疾"的危险结果。

爻辞　九四　好遁，君子吉，小人否。

释义　"好"指有利于；"否"指遁闭，指遁道闭塞。意思是：不失时机地遁让，君子获吉；小人却做不到，不吉利。

智慧鉴用　该爻讲的是：能够从容隐退避让而无所系累，君子能做到这一点是吉祥的，而小人是无法做到这一点的。每个人都要有敏锐的观察力，在形势尚未完全恶化的时候，能够有所察觉而主动退出，这会为自己以后的发展保存实力。同时采取缓和的态度又可以化解双方的敌对情绪，这又为自己以后的重新崛起留下了空间。这就是"功成身退，遁世离俗"的智慧。

爻辞　九五　嘉遁，贞吉。

释义　意思是成功后及时隐退，可坚守正道吉祥。

智慧鉴用　该爻再次告诉我们，在功成名就时，就应该果断地急流勇退，这样可以给自己留下一个好的名节，这肯定是一件吉祥顺利的事。这就是"丰功茂德，高飞远遁"的智慧。

爻辞　上九　肥遁，无不利。

释义　"肥"借指为"飞"。意思是：远走高飞，逃得无影无踪，无所不利。

智慧鉴用　该爻讲的是：人应当戒除自己的贪婪欲望，做到适可而止，如果贪婪成性，虽然一时会获得很多的财产和利益，但终究会带来更大的烦恼。这就是"遁世遗荣，趋利避害"的智慧。

大壮卦

智慧精华 运旺时盛之时，如何做到敬贤礼士、防止盛气凌人？

《易传》曰："君子以非礼弗履。"人们在生活和事业上要坚持"非礼勿动、非礼勿听、非礼勿视"的礼德，干事业既要有阳刚进取的一面，也要有海纳百川、宽容大度的一面；要刚柔兼备，因时、因地、因位而异，决不能以自己的刚强而凌越他人。请看大壮卦"敬贤礼士，非位不谋"的智慧与鉴用。

卦象

```
上六  ▬▬  ▬▬
六五  ▬▬  ▬▬
九四  ▬▬▬▬▬▬
九三  ▬▬▬▬▬▬
九二  ▬▬▬▬▬▬
初九  ▬▬▬▬▬▬
```

雷天大壮

经文		成语解卦	
大壮：利贞。		敬贤礼士	非位不谋
初九	壮于趾，征凶，有孚。	年壮气锐	初生之犊
九二	贞吉。	贞高绝俗	矢志不渝
九三	小人用壮，君子用罔，贞厉。羝羊触藩，羸其角。	虚骄恃气	羝羊触藩
九四	贞吉，悔亡，藩决不羸，壮于大舆之輹。	熟路轻车	破坚摧刚
六五	丧羊于易，无悔。	位不期骄	多歧亡羊
上六	羝羊触藩，不能退，不能遂，无攸利，艰则吉。	进退触藩	不避艰险

卦爻辞释义及智慧鉴用

卦辞 利贞。

释义 阳刚，但要坚守正道，有利。

智慧鉴用 大壮卦象征十分强盛，但要坚守正道，才会非常有利。无规矩不成方圆、无礼仪则不成文明世界，这一卦告诉人们：在事业上应该有刚强的品格，但要有所为有所不为，同时要积蓄力量，等待恰当的时机。因此应坚持"敬贤礼士，非位不谋"的理念。

爻辞 初九 壮于趾，征凶，有孚。

释义 只是脚趾强壮，前进就会有凶祸。这是毫无疑问的。

智慧鉴用 该爻讲的是：刚刚开始强壮，远没有达到理想状态，力量有限。这时应该把精力放在如何继续发展上，不能轻举妄动，动辄以刚劲的个人英雄主义贸然出击，则十分凶险。把这一道理推而广之，在生活和事业上，往往在发展初期，人们很容易不假思索，急躁地采取行动，这是万万不可取的。只有以诚信自守，谦虚谨慎地礼待自己的前辈及居上者，才会站稳脚跟。待有了基础之后，才会有求得发展的可能。这就是"年壮气锐，初生之犊"的告诫。

爻辞 九二 贞吉。

释义 坚守正道，可获吉祥。

智慧鉴用 该爻讲的是：坚守正道而获得吉祥。此时应继续积蓄力量，为下一步的行动做充分的准备，应积极地在家中、在内部有所作为。不要虚张声势，要踏踏实实地做事。这就是"贞高绝俗，矢志不渝"的决心。

爻辞 九三 小人用壮，君子用罔，贞厉。羝羊触藩，羸其角。

释义 "触藩"指用羊角去顶撞篱笆。"羸"是指缠绕。

意思是：小人恃强好胜，君子却不这样。就像强壮的大羊去顶触篱笆，结果只会把角卡在篱笆中进退不得。

智慧鉴用 该爻告诉我们：小人恃强施暴，威迫他人，君子则以无为而治笼络人心。一味使用威力强服于人，即使合乎正道，也难免会遇凶险。这就如同好斗的公羊，看到篱笆挡道总是用角去顶撞，其结果往往是自己的角被缠绕受困于藩篱之中。这就是"虚骄恃气，羝羊触藩"的道理。

爻辞 九四 贞吉，悔亡，藩决不羸，壮于大舆之輹。

释义 "大舆之輹"指大车的车轴。意思是坚守正道，必获吉祥，悔恨也会消失；既像篱笆已经开裂，羊角从中解脱出来，又像坚固的车轮能负重载远那样。

智慧鉴用 该爻讲的是大壮之时，能固守柔顺之正道，就不会有后悔之事发生。前行途中已冲破藩篱，就要勇往直前。这就好比一辆前行的车子，不但道路平坦，而且车的轴辐轮子也十分粗壮。这就是"熟路轻车，破坚摧刚"的道理。

爻辞 六五 丧羊于易，无悔。

释义 "易"同"埸"，指边界。意思是：在田边地头把羊弄丢了，没有什么可后悔的。

智慧鉴用 该爻讲的是：不管从事什么工作，遇到外来祸患，损失不可避免。但由于自己力壮，气势也盛，所以切身利益不会受到大的损害，无碍大局。但也要改变自己刚暴的习性而用柔制刚，这才是识时务的明智之举。这就是"位不期骄，多歧亡羊"的道理。

爻辞 上六 羝羊触藩，不能退，不能遂，无攸利，艰则吉。

释义 "羝羊"是好斗的公羊。意思是：强壮的公羊因顶触篱笆而被挂住了角，既不能后退，又不能前进，没有什么益处。要经过艰苦磨难才能获得吉祥。

智慧鉴用 该爻讲的是：在事业有成、有权有势的时候，不应该得意忘形，要明白物极必反的道理。同时，对一个年轻人来说，无论身处多么艰难的环境中，都不能改变自己的初衷，要耐得住寂寞，耐得住困苦，光明就在不远的前方。这就是在"进退触藩"时要"不避艰险"的道理。

晋　卦

智慧精华　如何做到自昭明德、出类拔萃，实现稳步晋升？

《易传》曰："君子以自昭明德。"意思是：君子要使自己的光明美德不断发扬光大。晋卦提示了晋升的奥妙之机：首先要有爱岗敬业、开拓进取的实干精神和业务能力；其次是要有优良的品德和群众基础，要达到"众允"；最后是加强上下级的沟通和联系。请看晋卦"克尽厥职，众口交赞"的智慧与鉴用。

卦象

上九
六五
九四
六三
六二
初六

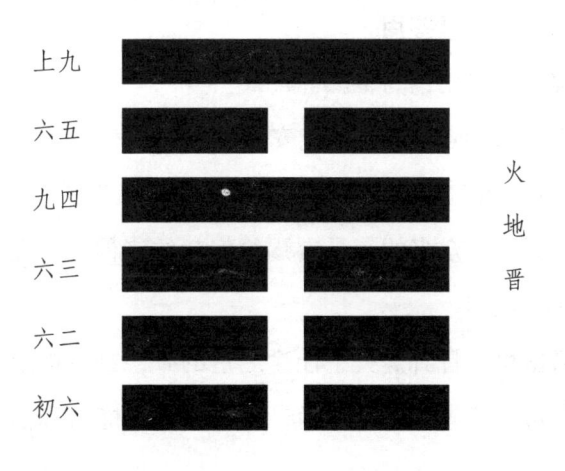

火地晋

经文		成语解卦	
晋：康侯用锡马蕃庶，昼日三接。		加官晋爵	昼日三接
初六	晋如，摧如，贞吉。罔孚，裕，无咎。	背信弃义	进退无依
六二	晋如，愁如，贞吉，受兹介福于其王母。	进贤任能	循次而进
六三	众允，悔亡。	克尽厥职	众口交赞
九四	晋如鼫鼠，贞厉。	饮河鼹鼠	贪小失大
六五	悔亡，失得勿恤，往吉，无不利。	幡然悔悟	转败为胜
上九	晋其角，维用伐邑，厉吉，无咎，贞吝。	砥身砺行	出类拔萃

卦爻辞释义及智慧鉴用

卦辞 康侯用锡马蕃庶，昼日三接。

释义 "康侯"就是指能安定国家的诸侯；"用"为接受，享用；"锡"同赐。"蕃"为盛；"三接"指多次接见。意思是：天子将众多的车马赏赐给安邦的诸侯，并在一天之内多次接见他们。

智慧鉴用 晋卦是关于仕途之道的卦，卦中提示了晋升的奥妙玄机：首先是品德高尚，其次是业务能力和协调能力强。如果再有上明下顺，上正下贤的各种外部条件，肯定是吉祥顺利的。现实社会的事实也证明：柔进得吉，刚进危厉；谦稳上升，欲速则不达。同时，如果为了自己"加官晋爵"而行贿，那么卖官的领导为受贿而"昼日三接"，最终双方都是凶险的。

爻辞 初六 晋如，摧如，贞吉。罔孚，裕，无咎。

释义 "摧如"，摧是指摧折，摧如是指受挫的状态；意思是：刚开始前进就遇到了障碍和阻拦，但是只要能够坚守正道，始终如一，就一定会吉祥如意。

智慧鉴用 该爻告诉我们：暂时还没有受到信任，应心怀大度，泰然处之，但如果一味地求进，甚至为了求进而不择手段，那么肯定会受到挫折，这就是"背信弃义，进退无依"的规律。因此，一定要坚守正道、端正思想，一如既往地努力干好自己的工作，最终肯定会获得晋升的机会。

爻辞 六二 晋如，愁如，贞吉，受兹介福于其王母。

释义 "兹"通此；"介"在这里指大；"王母"是指六五爻，六五爻为君位，阴爻居君位，所以称为王母。意思是：在晋升之中虽然会因遇到挫折而忧愁，但是，如果能固守正道就会获吉，最终会受到六五王母所赐的大福。

智慧鉴用 该爻告诉我们：必须通过自身的努力来谋求

发展，那种不劳而获的企图最终不仅不能实现，还会给自己带来愁苦。古代那种"朝中有人好做官"，强调与上级领导保持密切关系的思想，在现实社会中应该提出批判，应该提倡"进贤任能，循次而进"的用人制度。

爻辞 六三 众允，悔亡。

释义 得到众人的认可，悔恨将会消失。

智慧鉴用 该爻讲的是：在晋升之时，能够得到绝大多数群众的信任和支持，那您就是当之无愧了。这就是"克尽厥职，众口交赞"的优秀干部了。

爻辞 九四 晋如鼫鼠，贞厉。

释义 "鼫（shí）鼠"：硕鼠。晋升，却像田间硕鼠那样，既贪婪又整日钻在地下，也免不了灾祸。

智慧鉴用 该爻告诉我们：为官一定要有高尚的品德，做事要公开、公正、公平，同时还要有与职务相称的能力，更重要的是为官要廉洁。如果一个人像硕鼠一样贪得无厌，那么，这个人无论多么有能力，多么能干，最终也会自毁前程。这就叫"饮河鼹鼠，贪小失大"的道理。

爻辞 六五 悔亡，失得勿恤，往吉，无不利。

释义 "恤"指忧虑，顾虑。意思是：悔恨消失，不用顾虑失与得，前往吉祥，没有什么不利。

智慧鉴用 该爻告诉我们：安居其位而不妄动，悔恨就会消失，无论是失去还是得到都不要在心中忧虑。首先应该安心于本职工作，其次还应该做到胜不骄，败不馁，不因一时一地的得失而妨碍了自己前进的征程。所以只有"幡然悔悟"，才能"转败为胜"。

爻辞 上九 晋其角，维用伐邑，厉吉，无咎，贞吝。

释义 晋升到了一定高度，这时要挑战下一个高度，虽有危险，但是没有灾难。如果固守不变就会遇到麻烦。

智慧鉴用 该爻告诉我们：职位晋升得越高，竞争就会越激烈，因此，晋升者更应该以德谋进，在加强自身道德修养的同时，也要注重管理水平和专业水平的提高。只有这样的"砥身砺行"，才能做到更进一步的"出类拔萃"。

明夷卦

智慧精华 在运蹇（jiǎn）时乖的不利时期，如何韬光养晦、退而自保？

《易传》曰："君子以莅（lì）众，用晦而明。"一个君子在受到排斥、打击、迫害之时，要大智若愚，从而更显示出其道德的光明。那么如何在艰难中自保？首先不能丢掉做人的气节，要依然光明正大地做人；其次也可及时引退，避开困难的正面锋芒，迂回前进。请看明夷卦"韬光养晦，飞遁离俗"的智慧与鉴用。

卦象

上六
六五
六四
九三
六二
初九

地火明夷

经文	成语解卦
明夷：利艰贞。	韬光养晦　艰苦卓绝
初九　明夷于飞，垂其翼。君子于行，三日不食。有攸往，主人有言。	运蹇时乖　飞遁离俗
六二　明夷，夷于左股，用拯，马壮，吉。	救焚拯溺　策马飞舆
九三　明夷，于南狩，得其大首，不可疾，贞。	出夷入险　摧坚陷阵
六四　入于左腹，获明夷之心，于出门庭。	忠心耿耿　光明磊落
六五　箕子之明夷，利贞。	箕山之志　曲径通幽
上六　不明，晦。初登于天，后入于地。	晦盲否塞　上天入地

卦爻辞释义及智慧鉴用

卦辞　利艰贞。

释义　在艰难困苦中要坚守正道，保持自身的纯洁和善始善终的恒心，这样才有利。

智慧鉴用　明夷卦讲的是一个人在受到排斥、打击迫害之时，如何在艰难中维持正道、自保生存的道理。卦辞告诉我们，在任何时候，首先不能丢掉自己做人的气节，要依旧光明正大地为人处世；其次也可及时隐退，决不能正面与他人发生冲突；再次是要开动脑筋，避开困难的正面锋芒，从侧面解决它。这就是"韬光养晦，艰苦卓绝"的智慧。

爻辞 初九 明夷于飞，垂其翼。君子于行，三日不食。有攸往，主人有言。

释义 于飞：指在飞行之中。意思是：在黑暗中飞翔，羽翼低垂。君子仓惶出走时，三天没有饭吃，到了所去的地方，又受到主人的责备。

智慧鉴用 该爻告诉我们：在光明泯灭的世道里，君子受到意外的排斥打击，应当远走避祸，就像飞行中受到伤害的小鸟，在夜幕之际，垂下受伤的翅膀，寻求藏身之所。具有洞察时局才智的君子，在他刚刚受到轻微伤害之时，已觉察到一场大难即将来临，自己地位卑微，难以抗衡，于是要有在"运蹇时乖"之时，"飞遁离俗"的智慧。

爻辞 六二 明夷，夷于左股，用拯，马壮，吉。

释义 左股：左边大腿。拯：拯救。马壮：指壮马。意思是：光明受损之时，左腿受伤，用强壮的好马来拯救，可获吉祥。

智慧鉴用 该爻再次告诉我们：在面对较为艰难困苦的处境时，不要以硬碰硬，那样只会落个两败俱伤。有意地隐退不失为一个好办法，以退为进，这样做有利于最后的成功，这就是"救焚拯溺，策马飞舆"的智慧。

爻辞 九三 明夷，于南狩，得其大首，不可疾，贞。

释义 狩：指狩猎。大首：指首领。疾：指急切。意思是：君子在光明受阻的情况下，大家到南面去征伐，俘虏了罪魁祸首，不要得意，要持之以恒。

智慧鉴用 该爻讲的是：在黑暗笼罩的时候，群众就会找准机会，聚义进行讨伐，但有德君子要认清时事，虽然是顺应民心的正义之举，也应该谨慎行事，切不可急功近利。这就是"出险入夷，摧坚陷阵"的智慧。

爻辞 六四 入于左腹，获明夷之心，于出门庭。

释义 意思是进入左方腹部，拿到那颗光明磊落的心，于是坚定地跨出门庭，离开这里，让天下的人都来评判这颗心的对错。

智慧鉴用 从该爻的含义我们可以看出，先贤们敢于明确指出别人的严重错误，哪怕是丢掉了性命也在所不惜。殷商末年的比干，就是这样的忠臣，他为了指出纣王的严重错误而被挖心。这正是"忠心耿耿，光明磊落"的精神所在。

爻辞 六五 箕子之明夷，利贞。

释义 箕子在光明损伤时明智逃避,是有利而正确的。该爻以历史人物来说明该如何做事做人:比干由于规谏纣王而被杀;箕子也不愿与暴君纣王同流合污,他因规劝纣王被贬为奴,只好装疯卖傻来保全自己的性命。

智慧鉴用 这一爻以箕子和比干的结局进行对比,意在告诉我们:遇事应多动脑筋,可以从多方面入手,采取各种不同的办法,最后达到同样的成功;心态尽量地活泛和变通,迂回曲折也能实现既定目标。这就是"箕山之志,曲径通幽"的智慧。

爻辞 上六 不明,晦。初登于天,后入于地。

释义 晦:含有黑暗和昏庸之意。意思是:没有光明,一片晦暗。起初升到天上,后来陷入地下。

智慧鉴用 在日常生活中存偏心、干坏事,都不会有好的结果。虽然一时能获得利益,但最终会身败名裂的。这就是"晦盲否塞,上天入地"的道理。

家人卦

智慧精华 治家如何言传身教、嘉言善行，实现富室大家、欢聚一堂的目标？

《易传》曰："君子以言有物而行有恒。"一个家庭首先要有严明的"家规"，并说到做到。既要有"有孚威如"的严父，也要有"柔顺守正"的贤妻良母；家庭成员都要做好分内之事，要长幼有序、守信有恒、说到做到。请看家人卦"言传身教，克爱克威"的智慧与鉴用。

卦象

上九
九五
六四
九三
六二
初九

风火家人

经文		成语解卦	
家人：	利女贞。	贤妻良母	嘉言善行
初九	闲有家，悔亡。	当家立纪	各司其事
六二	无攸遂，在中馈，贞吉。	忙里偷闲	欢聚一堂
九三	家人嗃嗃，悔，厉，吉。妇子嘻嘻，终吝。	言传身教	诗礼之训
六四	富家，大吉。	富室大家	吉祥如意
九五	王假有家，勿恤，吉。	齐家治国	爱国如家
上九	有孚威如，终吉。	言之有物	克爱克威

卦爻辞释义及智慧鉴用

卦辞 利女贞。

释义 意思是：在家人中，妻子能够坚守正道，始终有利。

智慧鉴用 家人卦阐发的是治家之道。家庭乃至家族，是社会最基本的细胞。家族伦常关系，是一切社会关系的本源。家庭的治理涉及国家长治久安和社会秩序的和谐稳定。该卦的主要观点首先是制定严正家规：既有严的一面，使一家人说到做到；也要有温柔的一面，使一家人感受到家人的温暖；其次每个家庭成员长幼有序，亲密相处；最后，一家人都要诚实守信，都能做到"言有物而行有恒"。这就是"贤妻良母，嘉言善行"的幸福之家。

其实在现实社会生活中，一个家庭，无论是爸爸或妈妈，如果一个比较阳刚守正，那么另一个就要柔顺体贴；一个主外，另一个就要主内，这样既有分工，又有合作，这样的家庭一般比较和谐，并有利于孩子成长。爸爸也可做好"内当家"和"贤内助"，要因家而异。在家庭生活中，爸爸和妈妈没有主次，只有分工、配合、和睦、亲情和爱情。

爻辞　初九　闲有家，悔亡。

释义　意思是：家里没有闲人，后悔的事就逃亡了。

智慧鉴用　该爻告诉我们：家庭成员每个人都要有自己的事干，并且都要干好自己的事，不能有闲人，这样的家庭就没有悔恨的事情发生。常言道：国有国法，家有家规。彖曰："正家而天下定矣。"在家庭生活中"家风"一定要正：要长幼有序、各尽其责、团结互助等，这些传统美德都应得到大力提倡和发扬，这才有利于促进社会的和谐发展。这就是"当家立纪，各司其事"的治家理念。

爻辞　六二　无攸遂，在中馈，贞吉。

释义　遂：如愿以偿、随心所欲。馈：烹饪饮食类杂务事。意思是：一家人随心所欲地玩一次，再做些家人喜欢吃的食物，恒定吉祥。

智慧鉴用　该爻告诉我们：一个大家庭的成员应该经常出去旅旅游、散散心，再经常做些好吃的让大家来家里聚聚餐，也可做东把大家请出来聚餐。其意义在于一家人相互沟通，就是出门在外也要经常给家人报平安。

在现实生活中，由于工作"忙"而忽视家人的人大有人在：有人几个月不给父母联系一次，甚至常年不去看望父母；有人对子女不尽教育之责；有人对妻子不尽陪伴之责，等等。这样的家庭能幸福吗？不知哪一天后营就"起火了"。因此，成年人一定要学会忙中"偷闲"，多陪陪自己的家人！这是家庭所需要的"忙里偷闲，欢聚一堂"的基本要求。

爻辞 九三 家人嗃嗃，悔，厉，吉。妇子嘻嘻，终吝。

释义 嗃嗃(hèhè)：发怒训斥之声。嘻嘻：放肆嬉笑之声。意思是：治家过于严厉，后悔，虽有危险也有好的一面。若过于宽纵，孩子们随心所欲地嘻嘻闹闹，最终有祸患。

智慧鉴用 该爻讲治家过于严厉，常常为过分训斥、伤害家人的自尊而感到后悔，但这毕竟家道未失，所以终能获吉。若过于宽纵，无节制的嘻嘻哈哈，终会有败坏门风之鄙吝事情发生。这就是"言传身教，诗礼之训"的道理。

爻辞 六四 富家，大吉。

释义 意思是家庭富裕，大吉大利。

智慧鉴用 该爻讲的是：如果每一位家庭成员如果都有自己的事干；一大家人每年都可抽出时间去旅游或经常聚

餐；家庭的管理制度宽严有度；全家人都能长幼有序、互帮互助、齐心协力，那么这个家庭肯定是"富室大家，吉祥如意"的幸福家庭！

爻辞　九五　王假有家，勿恤，吉。

释义　君王用美德治理国家就像治家一样，不要忧虑，吉祥。

智慧鉴用　该爻提示治家者、从政者和经商者，都要善于学习，汲取优秀的管理经验，将有利于自己发展的因素，尽量充分地消化和吸收，再根据本地区、本部门的实际情况，制定出一套适合自己的管理模式。家庭管理也是如此，这就是"齐家治国，爱国如家"的道理。

爻辞　上九　有孚威如，终吉。

释义　有孚：有诚信。威如：有威严的样子。意思是心存诚信又威严肃穆，终获吉祥。

智慧鉴用　该爻讲治家的根本在于诚实有信，并把严以律己、善于学习和团结友爱的优良传统代代相传，发扬光大。也只有这样，才能使家庭美满富足，事业蒸蒸日上。这就是"言之有物，克爱克威"的道理。

家人卦

睽 卦

智慧精华　如何从不同的角度、用不同的观点看问题，做到求同存异？

《易传》曰："君子以同而异。"当自己的意见与别人相左时，要学会站在对方的角度用不同的观点看问题；要有宽宏大量的气度，摈弃私心杂念，用辩证的方法在异中求同，从复杂的事物中分辨出真假对错。请看睽（kuí）卦"钩深致远，识时达变"的智慧与鉴用。

卦象

上九	▬▬▬▬▬
六五	▬▬　▬▬
九四	▬▬▬▬▬
六三	▬▬　▬▬
九二	▬▬▬▬▬
初九	▬▬▬▬▬

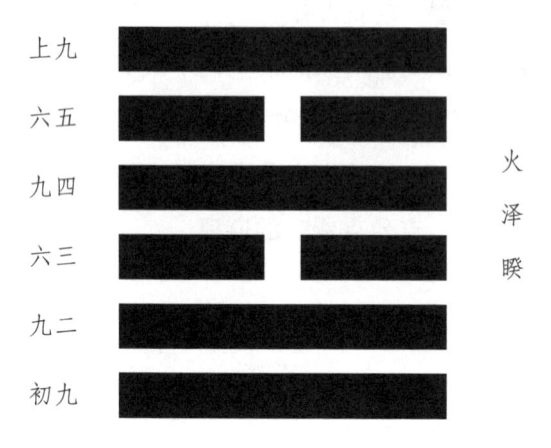

火泽睽

经文	成语解卦
睽：小事吉。	探赜索隐　钩深致远
初九　悔亡。丧马勿逐，自复。见恶人，无咎。	塞翁失马　安知非福
九二　遇主于巷，无咎。	不期而遇　识时达变
六三　见舆曳，其牛掣，其人天且劓。无初，有终。	化腐成奇　改恶为善
九四　睽孤遇元夫，交孚，厉，无咎。	人单势孤　情深友于
六五　悔亡。厥宗噬肤，往何咎？	克尽厥职　精诚团结
上九　睽孤见豕负涂，载鬼一车。先张之弧，后说之弧，匪寇，婚媾，往遇雨则吉。	见豕负涂　研精钩深

卦爻辞释义及智慧鉴用

卦辞　小事吉。

释义　小事吉利。

智慧鉴用　本卦讲的是世界观的问题，也就是看事情的角度和方法的问题。没有正确的世界观，总是以一成不变的眼光看待所有事物，就不能得出正确的结论。它告诫人们：

要学会站在不同的角度、用不同的观点去看待问题，哪怕是同一类事物，也会得出不同的结论。正是这个不同的结论，才可以活跃我们的思维、开阔我们的思路，使我们从复杂的事物中分辨出真假对错，继而做出正确的判断和决定，这就是"探赜索隐，钩深致远"的智慧。

爻辞 初九 悔亡，丧马勿逐，自复，见恶人，无咎。

释义 丧马：丢失的马。逐：追寻。恶人：指与自己敌对之人。意思是悔恨可以消失，丢失的马，不必追寻，自己会返回，见到恶人没有过错。

智慧鉴用 该爻是说：任何事情都不会只有一种可能，我们看到问题千万不要绝对化。应该对事物进行全面分析，结果的好坏是可以变化的。这就是"塞翁失马，安知非福"的哲理。

爻辞 九二 遇主于巷，无咎。

释义 巷：指巷子。意思是在小巷子中遇到了主人，没有灾难。

智慧鉴用 该爻告诉我们：条件不同环境不同，就应该采取不同的方法对待同一类或不同类的事物。如果不考虑外界条件的变化，死板教条，就不会收到预期的办事效果。就像在路上突然邂逅主要领导，这时您就没必要像在单位一样拘礼，只需要及时上前问好即可，这就是"不期而遇，识时达变"的智慧。

爻辞　六三　见舆曳，其牛掣，其人天且劓。无初，有终。

释义　舆：指车子。曳：指拖，拉，牵引。掣（chè）：指牵制，阻挠。其人：指赶车的人。天：古时黥额为天，指在罪人的额部刺字。劓（yì）：古代割掉鼻子的酷刑。意思是见到大车被拖住，驾车的牛被牵制住，赶车人曾经是一个犯人。起初不利，最终有好结果。

智慧鉴用　该爻设喻：看到一辆牛拉的车被卡住，那头牛也被牵制住，车夫是被判过刑的人，但结果是"无初有终"的吉利。这一结果启示我们：人是可以变化的，事物在一定条件下也是相互转化的，有的时候好与坏、对与错没有明显的界限。我们应该积极创造条件，促进事物向好的方向发展，不能因为一个人过去犯过错，就永远认为这个人是坏人；也不能因为办事一开始不顺利，就认为这件事根本就办不成。这就是"化腐成奇，改恶为善"的道理。

爻辞　九四　睽孤遇元夫，交孚，厉，无咎。

释义　孤：指孤单一人。元夫：指一开始的阳刚之君；孚：诚信。意思是陷入孤立无援的境地，后遇阳刚的大丈夫，以诚信相交，虽有危险，但终无过错。

智慧鉴用 该爻告诉我们，做人不能在思想和行为上把自己孤立起来，应该走出去，多见世面，广交朋友，这样才会开阔眼界，增长知识面，学会更多看问题的方法，得到更大发展的机会。虽然广交朋友有一定的危险，但从整体上看，还是利大于弊。这就是"人单势孤，情深友于"的智慧。

爻辞 六五 悔亡。厥宗噬肤，往何咎？

释义 厥：代词，指"其"。宗：指宗族，同党。噬：咬合，融合。肤：外表的部分。意思是：悔恨消失，其族人之交融和谐，往前进发还能有什么危害呢？

智慧鉴用 该爻提示我们：大家团结在一起，有福同享、有难同当，互相帮助、互通有无、取长补短，这样会得到很多有用的做事方法，也会达到事半功倍的效果。这就是"克尽厥职，精诚团结"的智慧。

爻辞 上九 睽孤见豕负涂，载鬼一车。先张之弧，后说之弧，匪寇，婚媾，往遇雨则吉。

释义 豕：指猪。涂：涂泥。弧：弓箭。意思是：首先看见一车肥猪满身泥土，又看见一辆车满载鬼怪。起初张弓欲射，后又迟疑将弓放下，原来不是盗寇，是求婚者，喜悦置酒相庆，前往又下了一场喜雨。

智慧鉴用 该爻告诫我们：眼界狭窄、看问题孤立的人，很容易被事物的表象所蒙蔽。这样的人更应该广泛接触外界，在朋友的帮助下活跃思维，拓宽视野，培养透过表面看本质的思考习惯。这就是"见豕负涂，研精钩深"的智慧。

蹇 卦

智慧精华 在涉险度难之时，如何审时度势、迷而知返？

《易传》曰："君子以反身修德。"在困难重重涉蹇（jiǎn）遇难之时，首先要反省自身，修好品德；要明智地避开不必要的麻烦，敏锐地找到一个有利于自己发展的环境；要审时度势、进退有时、安守柔顺、以求外援；切不可妄行刚进，急功近利。请看蹇（jiǎn）卦"时乖运蹇，见机行事"的智慧与鉴用。

卦象

上六
九五
六四
九三
六二
初六

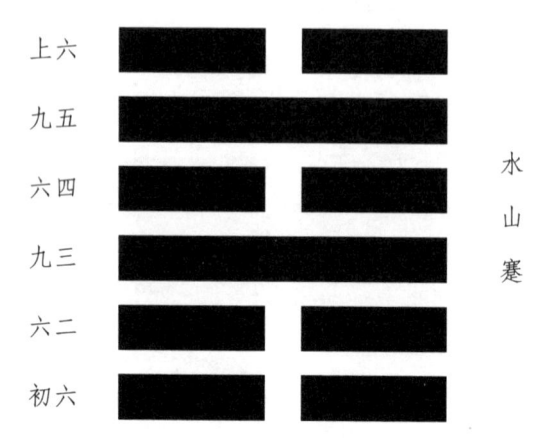

水山蹇

经文	成语解卦
蹇：利西南，不利东北。利见大人，贞吉。	时乖运蹇　见贤思齐
初六　往蹇，来誉。	浮湛连蹇　以往鉴来
六二　王臣蹇蹇，匪躬之故。	蹇蹇匪躬　公而忘私
九三　往蹇，来反。	见可而进　迷而知返
六四　往蹇，来连。	往蹇来连　原始要终
九五　大蹇，朋来。	奔走之友　遇难呈祥
上六　往蹇，来硕吉，利见大人。	见机行事　敬贤礼士

卦爻辞释义及智慧鉴用

卦辞　利西南，不利东北。利见大人，贞吉。

释义　蹇：艰难、险难。意思是：利于向西南行动，不利于去东北。利于请教德高望重之人，坚守正道，吉祥。

智慧鉴用　蹇卦的卦象为山高水险，旨在喻示涉蹇遇难的道理。社会上各种情况复杂多变，我们一方面应该锤炼自己的品格，另一方面明智地、及时地避开不必要的麻烦，敏锐地找到一个有利于自己发展的环境。要尽力而为，既不可望险止步，又不可妄行刚进，急功近利。这就是"时乖运蹇，见贤思齐"的道理。

爻辞 初六 往蹇，来誉。

释义 意思是前进将会进入险境，后退将得到赞美。

智慧鉴用 该爻告诉我们：在困难重重、时机不成熟的时候，不能贸然地、莽撞地采取行动，那样只会撞上南墙，头破血流。这时应该安分地、镇定地观察和分析事态的发展趋势，等候好的时机。在等待的同时，要认真分析和总结是什么原因造成今天这种困难。这就是"浮湛连蹇，以往鉴来"的智慧。

爻辞 六二 王臣蹇蹇，匪躬之故。

释义 意思是臣子为了解救君王的困境，努力奔走在危难之中，他们并不是为了自己。

智慧鉴用 该爻讲的是当国家处于危难之时，要以大局为重，为了大家和大我的利益不惜牺牲自己的、小我的利益，这虽然会影响到自己一时的发展，但从长远看，还是对自己有利的。这就是"蹇蹇匪躬，公而忘私"的智慧。

爻辞 九三 往蹇，来反。

释义 意思是往前行走艰难，返回正好相反。

智慧鉴用 "九三"讲的是：在当前有很多危险和困难的时候，不如及时返回原位以求平安。这就是"见而可进，迷途知返"的智慧。

爻辞　六四　往蹇，来连。

释义　意思是如若前往必有险阻，只有联合其他的力量，才有可能解救危难。

智慧鉴用　该爻进一步提醒人们：没有好的时机就要静观其变，就算是面对进退两难的境地，也不必惊慌失措。倘若贸然地强行前行，会适得其反，而退却更不足取。此时就应该联合其他力量给予帮助，要内外兼修，积蓄力量，等待时机。这就是"往蹇来连，原始要终"的智慧。

爻辞　九五　大蹇，朋来。

释义　意思是处境极为艰难，但却有志同道合者前来协助渡过危难。

智慧鉴用　该爻指出：在我们的日常生活中，没有朋友的帮助几乎寸步难行。在我们困难的时候，能伸来援助之手的朋友，才是真正的交心朋友，所谓患难见真情。我们更应当珍惜这份友情，有恩必报。这就是"奔走之友，遇难呈祥"的互助道理。

爻辞　上六　往蹇，来硕吉，利见大人。

释义　意思是前进有险阻，归来却获得硕大的成就，吉祥；利于去见德高望重之人。

智慧鉴用　该爻指出：我们在面对困难甚至身处绝境之

时，仍然要坚定自己的志向，不要气馁。同时还应该真诚地接受交心朋友和长者的帮助，两者相结合，就一定能渡过难关。这就是"见机行事，敬贤礼士"的智慧。

解 卦

智慧精华 怎样才能冰解的破，有效的解决矛盾和困难？

《易传》曰："君子以赦过宥罪。"意思是要多原谅别人，不与人斤斤计较。人的一生会遇到许多矛盾和困难，首先是要勇敢地面对，其次是想办法解决；要分析矛盾和困难的性质，对不同的矛盾采取不同的解决方法；要不断总结解决矛盾和摆脱矛盾的能力，请看解卦"情恕理谴，冰解的破"的智慧与鉴用。

卦象

上六	▬▬ ▬▬
六五	▬▬ ▬▬
九四	▬▬▬▬▬
六三	▬▬ ▬▬
九二	▬▬▬▬▬
初六	▬▬ ▬▬

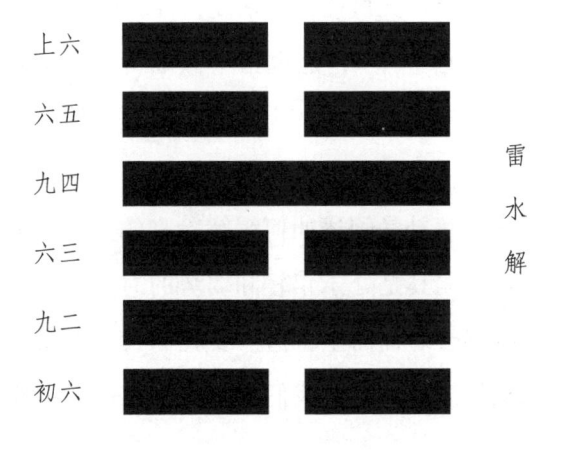

雷水解

经文	成语解卦
解：利西南。无所往，其来复，吉。有攸往，夙吉。	情恕理遣　冰解的破
初六　无咎。	玉成其美　排忧解难
九二　田获三狐，得黄矢，贞吉。	计获事足　出人意料
六三　负且乘，致寇至，贞吝。	负乘致寇　诲淫诲盗
九四　解而拇，朋至斯孚。	发蒙解缚　呼朋引类
六五　君子维有解，吉。有孚于小人。	道远知骥　世伪知贤
上六　公用射隼于高墉之上，获之，无不利。	羿射九日　迎刃而解

卦爻辞释义及智慧鉴用

卦辞　利西南。无所往，其来复，吉。有攸往，夙吉。

释义　夙：指"早"，这里指早做准备。意思是：解除困难，西南方行事有利。现在不必前往，返归原处安居其所就可获吉祥。如果出现危难当迅速前往，及早行动吉祥。

智慧鉴用　解卦是阐述如何缓解险难的卦：人的一生会遇到许多困难，尤其是处于年轻和弱势的时期，各种复杂难解的矛盾和困难会蜂拥而至，这需要我们具有丰富的解决矛盾、摆脱困难的能力。同时我们要懂得，在生活中碰到矛盾和困难也有好的一面，所谓的"艰难困苦，玉汝于成"告诉我们，只有经过百般磨炼，才会增长知识；只有在解决矛盾、克服困难的过程中，才会积累经验。因此要分清矛盾和困难的性质，对不同的矛盾应采取不同的解决办法，能原谅的尽量原谅。这就是"情恕理遣，冰解的破"的智慧。

爻辞　初六　无咎。

释义　意思是刚开始干事业，没有过错。

智慧鉴用　该爻指出：人要干事业、要生存就必须面临很多困难和矛盾。所以我们要积极行动起来，不要怕困难和矛盾。人不能整日怕出现矛盾而不工作，不工作恐怕连生存都存在问题，还谈什么发展和进步？因此，在工作中要尽量少出问题，但出现什么问题就及时解决什么问题，这就是"玉成其美，排忧解难"的道理。

爻辞　九二　田获三狐，得黄矢，贞吉。

释义　田：指田猎。狐：指狐狸。黄矢：指黄铜箭头。意思是田猎时捕获许多只狐狸，又得到了黄铜箭头，坚守正道，可获吉祥。

智慧鉴用　该爻指出：解除困难之时，解除了邪媚小人的谗言陷害，其刚直守中的美德得到大家的认可。所以在自己切身利益受到侵害时，应主动出击，要在气势和道义上压倒对方，定能取胜。这就是"计获事足，出人意料"的智慧。

爻辞 六三 负且乘，致寇至，贞吝。

释义 负：指背负。乘，指乘坐。意思是：背负重物却乘坐在豪华的车上，所以招来贼寇的劫掠，这样做是错误的。

智慧鉴用 该爻指的是：如果一个人明目张胆、肆无忌惮地贪财成性，并到处炫耀。那么，他不仅会招致贼寇的抢掠，也逃不过法律的制裁，这是咎由自取的结果。这就是"负乘致寇，诲淫诲盗"的道理。

爻辞 九四 解而拇，朋至斯孚。

释义 拇：指脚的大拇指。斯：如此，这样。孚：诚信。意思是：像解开被绑的拇指一样摆脱小人的纠缠，志同道合的人才会心怀诚信前来帮助。

智慧鉴用 该爻告诉我们：屡次与困难斗争而积累起来的丰富经验是非常宝贵的。它不仅能帮助我们解决生活中遇到的困难，也可以帮助亲朋好友，替别人排忧解难，从而体会到助人为乐的喜悦。这就是"发蒙解缚，呼朋引类"的道理。

爻辞 六五 君子维有解，吉。有孚于小人。

释义 意思是君子解脱了困境，吉祥；用诚信感化小人。

智慧鉴用 该爻把解决困难和远离小人联系起来，旨在告诉我们化解矛盾应该尽量排除不良因素的影响，在恶劣环境中、在小人的纠缠下，很难成功解决问题。另一方面，对待这些坏人坏事也适宜采用"解"的方式，不必因过于苛刻而结怨。这就是"道远知骥，世伪知贤"的哲理。

爻辞 上六 公用射隼于高墉之上，获之，无不利。

释义 公：诸侯。隼：凶猛贪残的鸟。墉：指城墙。意思是：彻底解除内患，要像公侯用箭去射盘踞在高大城墙上的隼，一箭射中并捕获，没什么不利。

智慧鉴用 该爻用王公射杀凶残的隼设喻，主要是体现自己的能力和意志，以便克服困难、鼓舞士气，这也是化解矛盾、缓解压力的一种方法，使身处困境的自己，灵活机智地从事态发展的其他方面打开缺口，这样做也能实现最终解决困难的目的。这就是"羿射九日，迎刃而解"的智慧。

解卦

损 卦

智慧精华 国家收税和君子助人为乐，如何掌握力度和方法？

《易传》曰："君子以惩忿窒欲。"君子"损己利人"的给贫困人员捐赠、国家向纳税者收税或减税，都要适可而止、量力而行；特别是向纳税人增加税赋，更要谨慎，因为"下者乃上之本"，过度损害群众的利益，促使民本根基不固，就会影响国家的长治久安。请看损卦"进退损益，惩忿窒欲"的智慧与鉴用。

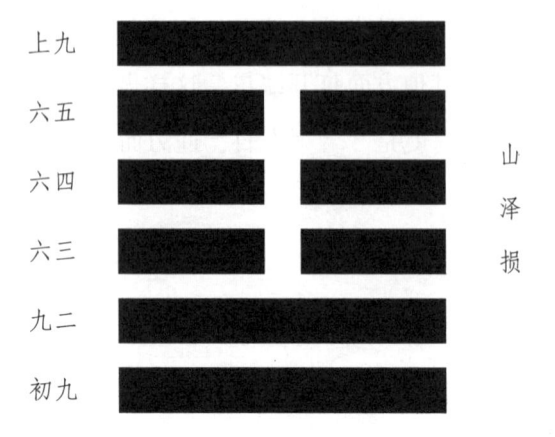

卦象

上九
六五
六四
六三
九二
初九

山泽损

经文	成语解卦
损：有孚，元吉，无咎，可贞，利有攸往。曷之用？二簋可用享。	进退损益　惩忿窒欲
初九　已事遄往，无咎；酌损之。	损己利人　量力而行
九二　利贞，征凶，弗损益之。	奉公正己　有增无损
六三　三人行则损一人，一人行则得其友。	日月合璧　金兰之友
六四　损其疾，使遄有喜，无咎。	攻疾防患　逸兴遄飞
六五　或益之十朋之龟，弗克违，元吉。	麟凤龟龙　恩高义厚
上九　弗损益之，无咎。贞吉，利有攸往。得臣无家。	助人为乐　情深一往

卦爻辞释义及智慧鉴用

卦辞　有孚，元吉，无咎，可贞，利有攸往。曷之用？二簋可用享。

释义　孚：诚信。元：大。曷（hé），同"何"。簋

（guǐ）：祭祀时用的食器。意思是：心怀诚意，可获吉祥，没有过错，可以保持正确的方向，利于前往进发。用什么祭祀神灵呢？两簋粗淡的食物就足够了。

智慧鉴用 该卦告诫我们：国家要"取民有制"，要合时宜、得民心，去繁就简，处处为百姓着想，体恤民疾。下者乃上之本，过度损下，从表面上看，虽然上位者暂时得益，但民本根基不固，实际上影响了上位者的长远利益。同时要提倡干部要艰苦朴素、与人民共患难的精神，这也是取信于民夯实基础的根本。

经商者，如果总想着去榨取盘剥顾客的利益，到头来自己不但得不到利益，免不了还要吃亏，从而影响事业的发展。这就是"进退损益，惩忿窒欲"的智慧。

爻辞 初九 已事遄往，无咎；酌损之。

释义 已：停止。遄（chuán）：急，快速。酌：适当。意思是停下正在做的事情赶快前去助人，没有灾祸；不过适当斟酌减损自己一部分利益就可以了。

智慧鉴用 该爻使我们懂得舍生取义、舍己为人的道理，也使我们明白量力而行的原则。当我们碰到急需救援的紧急情况，或者志同道合的朋友陷于困境的时候，就应该机立断，抛下自己的利益，无私地去参与、去援助。当然这肯定是以自身的力量、自身的能力为基础和前提的。这就是

"损己利人，量力而行"的原则。

爻辞 九二 利贞，征凶，弗损益之。

释义 弗损：是指不要自损。意思是：利于坚守正道，主动出击会有凶险，不用减损自我就能使人受益。

智慧鉴用 该爻让我们明白，在为人处世中，也不是一味地损己为人就是好事。当条件不允许或环境发生变化时，如果能坚持自己的优良品德，用科学合理的方法和智慧，使自己利益无损或少损，就可对他人的事业有所帮助，这就是"奉公正己，有增无损"的道理。

爻辞 六三 三人行则损一人，一人行则得其友。

释义 意思是三个人一起前行，会因为其中两人在背后同谋，而使得另外一个人受到伤害；如果一个人独自行动，就需要寻求合作，可以得到志同道合的朋友。

智慧鉴用 该爻告诉我们：三个人做一件事情，可能有一人担心自己利益受损害而生异心。如果只有一人去做，他担心的则不是利益问题，而是能力问题。这时他便会寻求志同道合的人来相助而成为好朋友。这就是"日月合璧，金兰之友"的道理。

爻辞 六四 损其疾，使遄有喜，无咎。

释义 遄：迅速，马上。意思是：尽量克服自身的不足，可迅速得到他人的帮助，不会有任何灾祸。

智慧鉴用 该爻告诫我们：在日常生活中，有了疾病，就要配合医生的治疗和亲人朋友的关心。同时要积极行动起来，增强自身的体质，这样肯定能够得到健康和喜悦。从人生来说人无完人，每个人都有缺点，都会犯错误，只要勇于承认错误，并加以改正，在成长中就不会为此而烦恼了。这就是"攻疾防患，逸兴遄飞"的道理。

爻辞 六五　或益之十朋之龟，弗克违，元吉。

释义 意思是如果有人要捐赠价值十朋的神龟，他是真心的，不要推辞，大吉大利。

智慧鉴用 该爻讲的是损己利人捐赠的事宜，给别人提供帮助的人，他们的意愿是刚强而不可违背的，他们所做的是正义之举，因而他们心中充满了喜悦。该爻的现实意义是：旨在唤醒人们的良知和正义，从而将无私助人的优良美德发扬光大。这就是"麟凤龟龙，恩高义厚"的道理。

爻辞 上九　弗损益之，无咎。贞吉，利有攸往。得臣无家。

释义 意思是在没有任何损失的情况下就能使他人获得收益，没有过错。坚守正道吉祥。事业进展顺利，将会惠及天下，万民归心。

智慧鉴用　该爻告诫我们：生活在当今时代的我们，更应该懂得，损人利己不但会从良心和道义上受到谴责，而且在现实物质层面上终究也不会得到什么好处。只有走正义之路，才能换来同伴们真心实意地信任和支持，最后走向成功。这就是"助人为乐，情深一往"的道理。

益 卦

智慧精华　民保于信、食为民天,政府如何做好"惠民生"的工作?

《易传》曰:"衰(裒)多益寡,称物平施。"益卦从关注社会福利保障体系的建立和发展,提出了"损上益下,民保于信"的思想,只有这样才能"民说无疆",政府才能受到拥戴。请看益卦的智慧与鉴用。

卦象

上九
九五
六四
六三
六二
初九

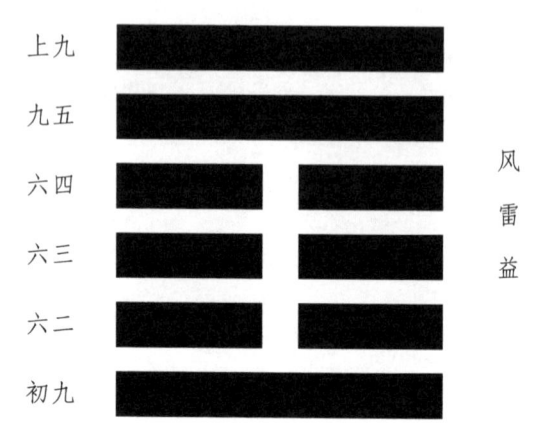

风雷益

经文		成语解卦	
益：	利有攸往，利涉大川。	损上益下	爱人利物
初九	利用为大作，元吉，无咎。	食为民天	精耕细作
六二	或益之十朋之龟，弗克违，永贞吉。王用享于帝，吉。	改过迁善	救民水火
六三	益之用凶事，无咎。有孚中行，告公用圭。	称物平施	民保于信
六四	中行，告公从，利用为依迁国。	大中至正	询迁询谋
九五	有孚惠心，勿问元吉，有孚惠我德。	施仁布德	感恩戴德
上九	莫益之，或击之，立心勿恒，凶。	有损无益	民生涂炭

卦爻辞释义及智慧鉴用

卦辞 利有攸往，利涉大川。

释义 意思是利于前去行事，利于涉过大江大河。

智慧鉴用 损卦是减损政府的管理开支，减轻人民的税赋，从取用角度发论的。而益卦则是从增益人民、厚施天下的角度发论。《周易》从关注社会福利保障体系的建立和生产的发展，提出了"损上益下""民保于信"的思想，只有这样才可"民说无疆"，也只有群众的利益都有所增益，政府才能受到拥戴，获得更大的成功。这就是"损上益下，爱人利物"的道理。

爻辞 初九 利用为大作，元吉，无咎。

释义 "大作"为农业，种粮食作物。意思是君王为民众种粮食给予补助，一开始就大吉大利，没有灾难。

智慧鉴用 该爻讲的是：君王能够增益人民，不与民争利，尤其通过一些好的措施大大提高了人民种粮的积极性，从而保证国家的粮食安全，实现经济社会发展的良性循环。这就是"食为民天，精耕细作"的道理。

爻辞 六二 或益之十朋之龟，弗克违，永贞吉。王用享于帝，吉。

释义 意思是君王下拨价值十朋的宝物，不能挪作他用，长久坚持救济民众，吉祥。君王虔诚地祭祀先祖，祈求降福保佑民众，吉利。

智慧鉴用 该爻以"灵龟"设喻，给人民捐赠价值"十朋之龟"的宝物，用来筹集救灾资金。在援助受困受灾人民时应因地、因时而宜。这就是"改过迁善，救民水火"的智慧。

爻辞 六三 益之用凶事，无咎。有孚中行，告公用圭。

释义 凶事：指天灾人祸。公：公侯，王公。圭：指圭臬，古代测定日影定节气的天文仪器，这里比喻标准或法度。意思是：给予的最佳时间是遇到不幸之时，给予时要讲诚信，并公开、公正、公平。怎样分配的也要公开透明。

智慧鉴用 该爻告诉我们：用财政收入去救灾是没有过错的。但在救灾过程中一定要按照公平、公正、公开的原则进行分配，在分配之初，应首先制定好分配标准。同时选定援助工作人员时，应该选诚信、中正、热爱公益事业的人。在援助过程中，要及时向上级汇报灾情的严重程度和物资的分配标准。这就是"称物平施，民保于信"的大智慧。

爻辞 六四 中行，告公从，利用为依迁国。

释义 持中慎行的求告王公，王公言听计从，以此为依据使受灾的民众整体搬迁。

智慧鉴用 该爻讲的是参与救灾的领导干部，一定要严守中正之道，一定要实事求是地调查灾情。在重大灾情发生以后，要根据灾区的选址、地质、气候、生产等诸多要素进行综合分析。该重建的重建，不适宜重建的要整体搬迁，另辟新区再建新村。这就是"大中至正，询迁询谋"的智慧。

益卦

爻辞 九五　有孚惠心，勿问元吉，有孚惠我德。

释义 孚：指诚信。惠心：施惠于人之心。惠我德：指回报我的恩德。意思是：诚心诚意地施惠于人，不用问就知道吉祥，被施恩者定将以仁爱之心回报我的仁爱之德。

智慧鉴用 该爻讲的是：真诚惠益于心，不用问就知道是吉祥顺利的。人民也会以同样的真诚感恩之心，回报施惠者的恩德，真诚地感谢帮助他们的人。这就是"施仁布德，感恩戴德"的道理。

爻辞 上九　莫益之，或击之，立心勿恒，凶。

释义 立心：树立利民之心。勿恒：不稳定。意思是：受困后没有人来帮助他，反而有人来攻击他；或者施救不彻底，凶险。

智慧鉴用 该爻讲的是：如果一个地方发生了灾情，却没获得及时的援助，甚至出现了混乱的情况，结果肯定是凶险的。这就是"有损无益，民生涂炭"的告诫。

夬 卦

智慧精华 如何处理兼听则明和剖决如流的关系？

《易传》曰："君子以施禄及下，居德则忌。"一些人做事的时候虽然可以刚健地勇往直前、当机立断，但在做法上应尽可能地使他人心悦诚服，不能居功自傲、盛势凌人，特别是在做决定前的调研阶段，更要兼听而不偏信。请看夬（guài）卦"临危不惧，剖决如流"的智慧与鉴用。

卦象

上六
九五
九四
九三
九二
初九

泽天夬

经文		成语解卦	
夬：	扬于王庭，孚号，有厉。告自邑，不利即戎，利有攸往。	临危不惧	功成不居
初九	壮于前趾，往不胜，为咎。	年少气锐	险遭不测
九二	惕号，莫夜有戎，勿恤。	昼警夕惕	以攻为守
九三	壮于頄，有凶。君子夬夬，独行遇雨若濡，有愠，无咎。	气壮胆粗	熏风解愠
九四	臀无肤，其行次且。牵羊悔亡。闻言不信。	兼听则明	偏信则暗
九五	苋陆夬夬。中行，无咎。	执两用中	剖决如流
上六	无号，终有凶。	摄威擅势	蚁穴溃堤

卦爻辞释义及智慧鉴用

卦辞 扬于王庭，孚号，有厉。告自邑，不利即戎，利有攸往。

释义 扬：宣扬。孚：真诚。号：呼吁。即：当即，近期。戎：军事行动。卦辞的意思是：君王在朝堂之上宣布小人的罪过，竭诚地大声疾呼危险依然存在；告诫自己封邑中的人，不利于立即动用武力，利于日后再有所行动。

智慧鉴用 该卦讲的是：一位阳刚果断的君子，怎样用阴柔的办法做决策的形象。君子虽然可以刚健地勇往直前，但在做法上应当使人心悦诚服，不能只依靠武力。过于鲁莽，反而容易让小人有机可乘，造成大的损失。所以做事应当刚柔相济，行动应谨慎，提高警觉，不可冒进。最理想的方式是用柔，感化并使其改过从善，这样既能很好地达到目的，又不会招致灾祸。这就是"临危不惧，功成不居"的道理。

爻辞 初九 壮于前趾，往不胜，为咎。

释义 壮：刚壮，冒进。趾：脚趾。前趾：指初步行进之时。意思是：贸然前行不能取胜，反而会招来灾祸。

智慧鉴用 该爻讲的是：当关系决裂之初，恃强莽撞前行，不能取胜反而会导致灾祸。这就是"年少气锐，险遭不测"的道理。

爻辞 九二 惕号，莫夜有戎，勿恤。

释义 莫：同"暮"，指黄昏之时。戎：指战事。恤：指忧虑。爻辞的意思是：时刻警惕地发出救援信号，就是深夜遭到敌人攻击，也不必担忧，会有预警。

智慧鉴用 该爻讲的是：干事业要时刻保持警惕，越是事情的关键时刻，就越要小心。就像行军打仗，只要我们时刻保持对敌人的警惕和压力，同时有稳妥的防守，就必然立于不败之地。只有先保存好自己的实力，才能发展壮大，好的防守是进攻的基石。这就是"昼警夕惕，以攻为守"的智慧。

爻辞 九三 壮于頄，有凶。君子夬夬，独行遇雨若濡，有愠，无咎。

释义 "頄"（kuí）：指人面颊之间的骨头。夬夬：果断，强健。濡：指沾湿。愠：指愤怒。本爻词的意思是：怒容满面，有凶险。君子果敢决断，独自前行，尽管遇上大雨浑身湿透，心中很不愉快，没有什么灾祸。

智慧鉴用 该爻讲的是：当矛盾激化时，满脸怒气地将决绝的态度表现在脸上，并不可取。有德之君子则不是这样，在原则问题上坚决地反对对方的错误做法，与其划清界限，而在非原则问题上又能与对方保持一定的联系，坚持原则性和灵活性相结合的斗争策略。尤其是您的决断可能会伤害某些人的利益时，更应该谨慎行事，以免成为众矢之的。这就是"气壮胆粗，熏风解愠"的智慧。

爻辞 九四 臀无肤，其行次且。牵羊悔亡。闻言不信。

释义 次且：趑趄，指行走不稳的样子。本爻辞的意思是：臀部的皮肤已经磨烂，行走十分艰难。如能像牵羊一般跟从他人前行，悔恨便会消亡，无奈，听了这话的人并不相信。

智慧鉴用 该爻讲的是：在遇到困难该做决断的时候，首先要兼听，其次要果断，不能犹豫不决。要保持清醒的头脑，对事情的发展有清醒的认识，并用心分析和采纳各方面的意见，只有这样，才能做出正确的判断，不然果断就变成了一意孤行，很可能出现大的偏差。这就是"兼听则明，偏信则暗"的道理。

爻辞 九五 苋陆夬夬。中行，无咎。

释义 苋(xiàn)陆：植物，再生能力很强。这里比喻敌对势力或是小人很难根除。意思是：想彻底消灭对方或小人是很难的，这就像去挖苋陆一样，难以斩草除根。因而要保持中正品行，就会减少麻烦。

智慧鉴用 该爻讲的是：在关系决裂时，要想彻底消灭对方是不可能的，如同挖去"苋陆"，还会长出新苗，不可能斩草除根，因此必须用中庸的原则去解决问题。即在态度上要坚决，而在方法上要考虑周到，这样便能做到无懈可击，也不会引发不必要的麻烦。这就是"执两用中，剖决如流"的智慧。

爻辞　上六　无号，终有凶。

释义　意思是不必再呼喊了，凶险已经难逃。

智慧鉴用　该爻讲的是：小人最终是要失败的，他大声呼号，也不会有人理会。该爻给我们两个启示：一是正义的力量一定能够战胜邪恶，只要我们所做的事情是对的，即使阻碍重重，也要充满信心；二是在任何时候都不要存在侥幸心理，如果妄图将自己的私欲建立在损害别人的基础上，必然会招致大家的反对，最终落得惨败的下场。这就是"摄威擅势，蚁穴溃堤"的道理。

姤 卦

智慧精华　在"择朋交友"时，如何慧眼识人？

《易传》曰："后以施命诰四方。"每个人都要洁身自好，不能放纵疏忽，做到廉洁自律；不要被花言巧语、糖衣炮弹所击中，大家相遇在一起共事是一种缘分，是成功的开始。如何把握机遇？请看姤（gòu）卦的"杞梓之林，遭遇际会"的智慧与鉴用。

卦象

上九
九五
九四　天风姤
九三
九二
初六

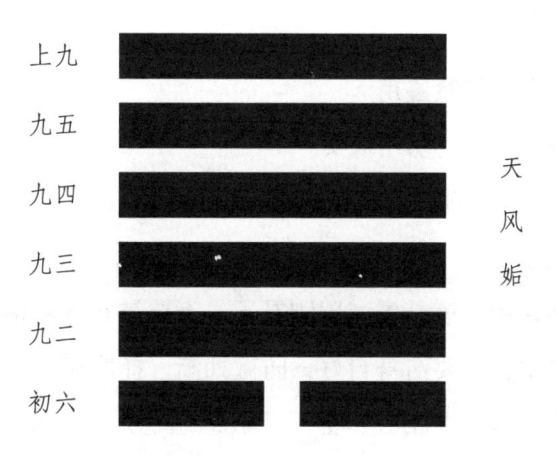

经文		成语解卦	
姤：女壮，勿用取女。		女中豪杰	发号施命
初六	系于金柅，贞吉，有攸往。见凶。羸豕，孚，蹢躅。	寸辖制轮	当机立断
九二	包有鱼，无咎，不利宾。	及宾有鱼	抽薪止沸
九三	臀无肤，其行次且，厉，无大咎。	体无完肤	威刑肃物
九四	包无鱼，起凶。	鲍鱼之肆	拉帮结派
九五	以杞包瓜，含章，有陨自天。	杞梓之林	天理昭彰
上九	姤其角，吝，无咎。	崭露头角	遭遇际会

卦爻辞释义及智慧鉴用

卦辞 女壮，勿用取女。

释义 取：通"娶"。意思是有些女子过分强势，不适合娶来做妻子。

智慧鉴用 该卦告诫阳刚君子，不要被花言巧语、糖衣炮弹所击中，需要洁身自好，防微杜渐。择朋交友一定要谨慎，特别是与小人相处，更不能放纵疏忽。既不要亲近他，也不能得罪他，以免激化矛盾。但如果遇到的是一位中正的女强人，那么各项事业就会亨通顺利了。这就是"女中豪杰，发号施命"大干快上的景象了。

爻辞 初六 系于金柅，贞吉。有攸往，见凶。羸豕，孚，蹢躅。

释义 系：牵制。金柅（nǐ）：指车闸阀。羸豕（léishǐ）：羸，瘦弱；豕，指猪。蹢躅（zhízhú）：以足击地跳动不安的样子。意思是：把车的闸阀紧紧地拉上，使它原地不动，定会吉祥。如果放开，必然危险。瘦弱的猪不停地跳动、狂躁不安。

智慧鉴用 该爻告诉我们：一个品行不端的人已蠢蠢欲动、狂躁不安，有不断向上的趋势。虽然此时其势力很弱，但如果不及时加以规劝和制止，其邪心就可能愈加膨胀，最终无法制止。所以应当在小人刚露出行为不轨的苗头时，就应该及时制止住，否则必生大乱。这就是"寸辖制轮，当机立断"的智慧。

爻辞 九二 包有鱼，无咎。不利宾。

释义 意思是厨房里有鱼，不新鲜，不能拿出来宴请宾客。

智慧鉴用 该爻以厨房里有一包不新鲜的鱼无法接待客人设喻，对小人要采取节制的办法，不能让小人接触过多的人，以免借机培植私人势力。这就是"及宾有鱼，抽薪止沸"的道理。

爻辞 九三 臀无肤，其行次且，厉，无大咎。

释义 本爻辞的意思是臀部皮肤被磨破了，行走很困难，有危险，但不会有大的灾祸。

智慧鉴用 该爻劝勉人们，不要鲁莽地对无法解决的难题或暂时无法控制的恶势力勉强加以干涉，这样不但达不到效果，可能还会给自己带来麻烦。否则会被别人打得"体无完肤"，真的到了这个时候，您只有"威刑肃物"，拿起法律的武器来保护自己了。

爻辞 九四 包无鱼，起凶。

释义 意思是厨房里没有鱼了，容易发生争执，凶险。

智慧鉴用 该爻告诫我们：对于小人的不当行为，不能一味地明哲保身、远离避害，这样只能让其越来越猖狂，铸成大害。这样就会是"鲍鱼之肆，拉帮结派"的结果了，败坏了社会风气。

爻辞 九五 以杞包瓜，含章，有陨自天。

释义 杞：指杞树叶子。陨：陨落，降落。意思是：用杞树枝叶包起瓜果，象征内心怀着美好的品德，吉祥自天而降。

智慧鉴用 该爻讲的是：我们一定要时刻关注身边人的反应，不能不管不问。对于内部出现的矛盾能够用柔和而果断的方式处理，并予以及时控制，避免矛盾激化。在处理这些矛盾时，一定要充分发挥各自的优势作用。把大家发动起来了，正义的力量才能压倒邪恶。这就是"杞梓之林，天理昭彰"的道理。

爻辞 上九 姤其角，吝，无咎。

释义 意思是：在墙角邂逅，尴尬，不会有大的灾祸。

智慧鉴用 该爻讲的是：各种错综复杂的麻烦事把自己逼到了墙角，但如果能用柔和果断的办法，解决了许多复杂难题，便会迎来一个大力发展的好时机。这就是"崭露头角，遭遇际会"的景象与智慧。

萃 卦

智慧精华 如何实现"人聚则旺"的目标?

《易传》曰:"君子以除戎器,戒不虞。""人聚则旺、物聚则争、事聚则紊。"这时需要出类拔萃的人来引领,才能聚而有序。请看萃卦"人文荟萃,继往开来"的智慧与鉴用。

卦象

上六	▬▬▬ ▬▬▬
九五	▬▬▬▬▬▬
九四	▬▬▬▬▬▬
六三	▬▬▬ ▬▬▬
六二	▬▬▬ ▬▬▬
初六	▬▬▬ ▬▬▬

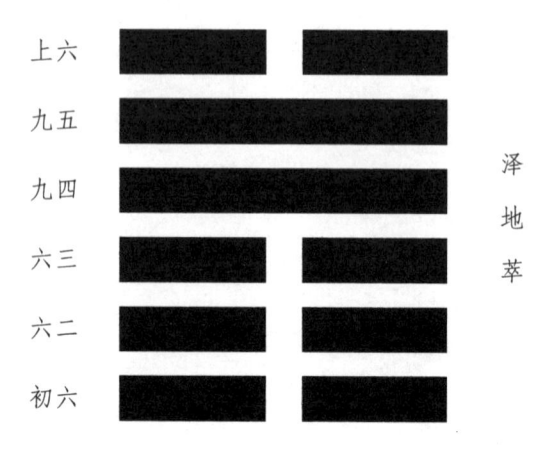

泽地萃

经文	成语解卦
萃：亨，王假有庙，利见大人，亨，利贞。用大牲吉。利有攸往。	荟萃一堂　继往开来
初六　有孚不终，乃乱乃萃。若号，一握为笑。勿恤，往无咎。	闲邪存诚　握手言欢
六二　引吉，无咎。孚乃利用禴。	举贤任能　尽诚竭节
六三　萃如，嗟如，无攸利。往无咎，小吝。	势孤力薄　励精更始
九四　大吉，无咎。	逢吉丁辰　出类拔萃
九五　萃有位，无咎。匪孚，元永贞，悔亡。	人文荟萃　守经达权
上六　赍（jī）咨涕洟，无咎。	盛极而衰　痛哭流涕

卦爻辞释义及智慧鉴用

卦辞　亨，王假有庙，利见大人，亨，利贞，用大牲吉。利有攸往。

释义　假：至，到达。宗庙：为君王祭祀祖先之地。古代祭祀可以起到增强团结精神的作用。大牲：指牛、猪、羊等祭品，象征心诚。意思是：萃卦代表着亨通；君王到宗庙里祭祀，祈求神灵保佑，聚合人心。有利于召见德才兼备的大人物共谋大业。前景亨通，宜于守持正道。用牛羊等大的祭品献祭能够带来吉祥如意，利于前去行事。

智慧鉴用 萃卦揭示的是群体聚合原则，人聚则旺，物聚则争，事聚则紊。这时需要出类拔萃的人来指领，才能聚而有序。萃卦特别注重精神感化，强调聚民之心和聚民之德两个方面的必要性。同时它告诫我们：在事业发展成熟的时候，一定要充分利用这一时机，不骄不躁，给他人以更多的利益，使得大家更具凝聚力。否则会盛极而衰，出现问题，这就是"荟萃一堂，继往开来"的智慧。

爻辞 初六 有孚不终，乃乱乃萃。若号，一握为笑。勿恤，往无咎。

释义 孚：指诚信。恤：指担忧。意思是：有诚信而不能坚持始终，各种乱子就会发生而凑到一起；众人喧哗呼号，只要握握手交流一下感情，就能转怒为笑了。不用忧虑，前往行事没有灾难。

智慧鉴用 该爻讲的是：一个人有诚信之心，但不能自始至终地坚持，会导致行动紊乱，一时间分不清谁是正确的对象。如果能坚定信心，怀着诚信之心去交友，就能得到别人的认可。这就是"闲邪存诚，握手言欢"的智慧。

爻辞 六二 引吉，无咎。孚乃利用禴。

释义 意思是：有人引荐会带来吉祥，无害；只要内心怀着虔诚，即使是简薄的禴祭也能带来吉祥。

智慧鉴用 该爻告诫我们：人之所以汇聚，是为了团结、为了事业、为了加深友谊，这才是做人的本分。而非到处拉帮结派、朋比为奸。只要是为了正义的事业而聚在一起或引荐人才，才不会有灾祸发生。这就是"举贤任能，尽诚竭节"的智慧。

爻辞 六三 萃如，嗟如，无攸利。往无咎，小吝。

释义 嗟如：嗟怨的样子。意思是：由于聚会没见着想见的人而生叹息，没有什么益处。独往前行没有大的灾祸，会有一点小麻烦。

智慧鉴用 该爻告诉我们：在没有机会与德高望重、有才华的朋友相聚，感到孤立无援时，只能独立前行。这个时候不要悲观叹气，而要奋发向前。这就是"势孤力薄，励精更始"的智慧。

爻辞 九四 大吉，无咎。

释义 意思是：做人做事中正、合礼，至为吉祥，没有过错。

智慧鉴用 该爻告诉我们：做事要合正道。当您已经在德、才方面以正道聚民，上下精诚团结时，一定要抓住此时的大好机遇，做出比别人更好的成绩。这就是"逢吉丁辰，出类拔萃"的智慧。

爻辞　九五　萃有位，无咎。匪孚，元永贞，悔亡。

释义　匪孚：指缺乏诚信。意思是：当大家聚合在一起时，自己高居尊位，这没有过错，但如果尚未完全取信于大家，应矢志不渝地修养德行，保持正确方向，则悔恨消亡。

智慧鉴用　该爻的关键在于：如果我们不能长期坚持正己修身，那么就很容易失去好的品质。不管我们处在何种时候，都要始终保持自己的优良品德，如果出现些差错，要及时改正。这就是"人文荟萃，守经达权"的道理。

爻辞　上六　赍咨涕洟，无咎。

释义　赍咨：为咨嗟，指悲伤叹息。涕洟：为眼泪鼻涕并流。意思是：悲伤叹息而又痛哭流涕，没有灾难。

智慧鉴用　该爻告诫我们的是：当一个人处境十分危险时，千万不能鲁莽行事，而要时刻小心，谦虚谨慎，保全自身，以图再起。这就是"盛极而衰，痛哭流涕"的悲惨景象。

升 卦

智慧精华 如何见德思齐、积小以高大，使自己行远升高？

《易传》曰："君子以顺德，积小以高大。"为人处事要顺其自然，遵守客观规律；依时顺势向前发展，要有刚柔兼备的德行；从低处慢慢积累，逐步发展壮大，最终成就了一番事业。请看升卦"行远升高，积微成著"的智慧与鉴用。

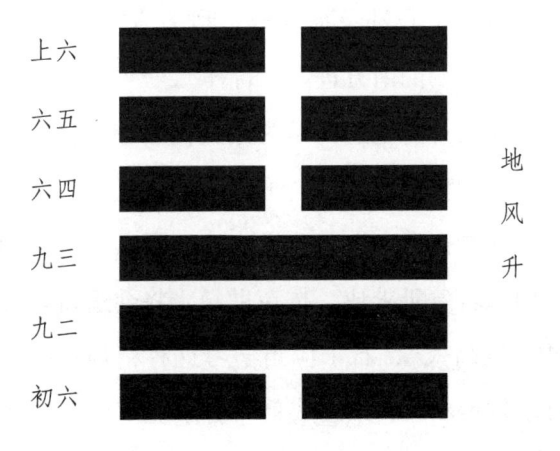

卦象

上六	▬▬ ▬▬
六五	▬▬ ▬▬
六四	▬▬ ▬▬
九三	▬▬▬▬▬
九二	▬▬▬▬▬
初六	▬▬ ▬▬

地风升

经文		成语解卦	
升：元亨，用见大人。勿恤。南征吉。		行远升高	积微成著
初六	允升，大吉。	如日方升	见德思齐
九二	孚乃利用禴，无咎。	笃信好学	厚积薄发
九三	升虚邑。	虚位以待	竭诚尽节
六四	王用亨于岐山，吉。无咎。	夙夜在公	奉命唯谨
六五	贞吉，升阶。	玉洁松贞	步步高升
上六	冥升，利于不息之贞。	功成身退	贞不绝俗

卦爻辞释义及智慧鉴用

卦辞 元亨，用见大人。勿恤。南征吉。

释义 意思是升卦象征上升，利于请教德高望重之人，无须忧虑，向光明的南方进发，吉祥。

智慧鉴用 升卦阐述的是为人处世要顺其自然，遵守客观规律，依时顺势向前发展的道理。一个人如果既有宽厚柔顺的德行，又能奋发向上、刚进有为，那么他上升的路径必然畅通无阻。若急于求成，拔苗助长，将会适得其反。关键在于"积小以高大"，君子应当学习这种精神，从小处慢慢积累，逐步发展壮大，最终成就一番事业。这就是"行远升高，积微成著"的智慧。

爻辞 初六 允升，大吉。

释义 允：是允许，跟从之意。意思是：适宜升进，大吉大利。

智慧鉴用 该爻讲的是：信从德才兼备者带领自己共同升进，可获大吉。同时告诉我们，在刚走上一个新岗位时，要虚心向工作经验丰富、有能力的人学习，这样就能加快进步的速度，迅速成长起来，切忌自视清高。这就是"如日方升，见德思齐"的智慧。

爻辞 九二 孚乃利用禴，无咎。

释义 孚：指诚信。意思是：只要做人讲诚信，简薄的祭祀也可免除灾祸。

智慧鉴用 这一爻的关键在于"孚"。告诫人们做人必须心怀诚信、处事必须得体。即使很有能力，也应该保持谦逊和诚恳的态度，要不断努力学习，跟上时代，这样才能前途亨通。这就是"笃信好学，厚积薄发"的智慧。

爻辞 九三 升虚邑。

释义 邑：国邑，指诸侯封地。虚邑：指无人管理之地。意思是：上升到空旷的城邑。

智慧鉴用 该爻的寓意是：在春风得意的时候，要积极利用有利的条件向上升，这是应该的。但您随时要有遭受挫折的心理准备，因为任何事情的发展都是曲折的，您的提升也会有一个尽头，现在您是遇上了天时、地利、人和的好时代，所以总是有合适的位置等着您，抓住机遇，加油！这就是"虚位以待，竭诚至节"的道理。

爻辞 六四 王用亨于岐山，吉。无咎。

释义 用亨：指举行祭祀之礼。岐山：周部落发源地。意思是：君王虔诚地到岐山祭祖，吉祥，没有过错。

智慧鉴用 该爻告诫我们：下属与领导相处，要妥善处理好与领导的关系，尽力赢得领导对自己的信任，并能谨行慎言，千万不可功高盖主。这就是"夙夜在公，奉命唯谨"的道理。

爻辞 六五 贞吉，升阶。

释义 意思是：坚守正道吉祥，乘势沿着台阶稳步上升。

智慧鉴用 该爻讲的是：坚持任贤升进的用人路线，培养梯队人才，可获吉祥。这一爻的关键在于"贞"，即坚守正道，告诫领导者必须怀着诚信之心，信任、依赖和提拔有能力的下属，借人之力成就大业。这就是"玉洁松贞，步步高升"的智慧。

爻辞　上六　冥升，利于不息之贞。

释义　冥：指昏冥。不息之贞：指永不停息地坚守正道。意思是：在昏暗幽冥状态下依然上升，只有坚持不懈地保持纯正品性，才能获得好的结果。

智慧鉴用　该爻告诉我们：做事要符合客观事物的发展规律，要懂得物极必反、适可而止的道理。追求利益要懂得节制，当发现自己无力再前进时，或者再前进有危险的时候，要学会停下来休息和反思，否则只能是永远处在忙碌之中，以致身心俱疲，甚至身败名裂。这就是"功成身退，贞不绝俗"的智慧。

困 卦

智慧精华 在上下交困、荆棘塞途之时，如何致命遂志的渡过难关？

《易传》曰："君子以致命遂志。"一个人在遇到上下交困之时一定要正视困难、分析困难、想方设法克服困难。这时要谦虚谨慎、临危不乱、修德待时，求助于人有必要但不可完全依赖。请看困卦"金玉之言，矢志不移"的智慧与鉴用。

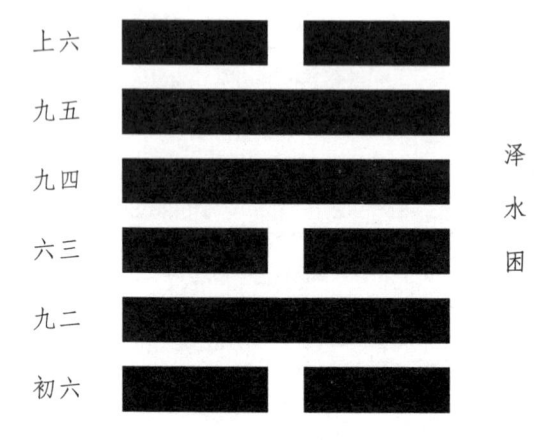

卦象

上六 ▬▬ ▬▬
九五 ▬▬▬▬▬
九四 ▬▬▬▬▬
六三 ▬▬ ▬▬
九二 ▬▬▬▬▬
初六 ▬▬ ▬▬

泽水困

经文	成语解卦
困：亨，贞，大人吉，无咎。有言不信。	金玉之言　矢志不移
初六　臀困于株木，入于幽谷，三岁不觌。	下乔入幽　困知勉行
九二　困于酒食，朱绂方来，利用享祀。征凶，无咎。	愁肠殢酒　困心衡虑
六三　困于石，据于蒺藜，入于其宫，不见其妻，凶。	荆棘塞途　妻离子散
九四　来徐徐，困于金车，吝，有终。	救难解危　骥伏盐车
九五　劓刖，困于赤绂，乃徐有说，利用祭祀。	隆刑峻法　上下交困
上六　困于葛藟，于臲卼，曰动悔，有悔，征吉。	攀藤附葛　禽困覆车

卦爻辞释义及智慧鉴用

卦辞　亨，贞，大人吉，无咎。有言不信。

释义　意思是：虽处困境，只要自强自济、坚守正道同样可获亨通；因此大德大才之人可获吉祥，没有灾祸。此时许下的诺言很难令人相信。

智慧鉴用 困卦阐明了人在困难之时要正视困难、分析困难、想方设法战胜困难的道理。告诉人们要乐观自信而不自卑,在客观条件对己不利的情况下,可以求助、请教于大德之人,但不能完全依赖别人。所以遇困时要临危不乱,修德待时,必能得吉。这就是"金玉之言,矢志不移"的道理。

爻辞 初六 臀困于株木,入于幽谷,三岁不觌。

释义 觌(dí):指见面,相见。意思是臀部坐在枯木桩上,坐立不安;隐退到幽深的山谷里,三年不与外人相见。

智慧鉴用 该爻讲的是:自身柔弱卑下,缺乏阳刚气质,而又身陷困境之中,可谓"雪上加霜"。这个时候象征着人生的最低谷,甚至到了山穷水尽的地步。唯一的办法就是远离灾害,不露自己的行踪。应处于暗中,静观时变,等待时机。这就是"下乔入幽,困知勉行"的智慧。

爻辞 九二 困于酒食,朱绂方来,利用享祀。征凶,无咎。

释义 朱绂:"朱"为大红色,"绂"为蔽膝的下裳,古代贵族的官服。意思是:处于困境之中有丰盛的酒食,不久之后将会有人送来官服，用丰美的酒食祭祀神灵；出兵有凶险，不出兵没过错。

智慧鉴用 该爻讲的是：在处于困境时，虽有刚正之德，但时运不好，只能饱食终日，很难有所作为。就是得到别人的一些帮助，也很难在短期内发生改变，所以还得耐心地等待，以积蓄力量，恢复元气。这就是"愁肠殢酒，困心衡虑"的道理。

爻辞 六三 困于石，据于蒺藜，入于其宫，不见其妻，凶。

释义 石：指磐石，表征坚固；蒺藜：指一种带刺的植物。意思是：困于乱石之中，周围荆棘丛生。无奈回到家中，却又看不到妻子，凶险接二连三。

智慧鉴用 该爻讲的是：一个身处困境的人，千万不能逞强，要冷静分析、隐忍待时，如果条件不成熟而强行出手，会使形势变得更加恶劣，甚至会一败涂地。这就是"荆棘塞途，妻离子散"的结局。

爻辞 九四 来徐徐，困于金车，吝，有终。

释义 意思是：缓缓迟疑而来，被一辆豪华大车挡住去路。虽然会遇到一些麻烦，但最终会有好的结局。

智慧鉴用 该爻讲的是：在困境中等待救援者，要对当前的形势有心理准备。既要相信一定能从困境中被救出，也要明白这个过程中会碰到很多麻烦。这就是"救难解危，骥伏盐车"的道理。

爻辞　九五　劓刖，困于赤绂，乃徐有说，利用祭祀。

释义　劓（yì）：是古代的刑罚之一，指割去鼻子。刖（yuè）：指砍去脚踝以下的部分。赤绂（fú）：指大臣的官服。说：同"脱"。意思是：用割鼻子剁脚的酷刑来治理众人，就会危及至尊位置；后来改变了方法，坚守了正道，所以走出了困境。

智慧鉴用　该爻给我们的启示是：遵守单位制定的规章制度，这无可厚非。但任何事情都是物极必反，因此一定要适度，不可太严，要让绝大多数人都能遵守而不受罚，受罚的人应该是极少数，不然就会形成"隆刑峻法，上下交困"的局面了。

爻辞　上六　困于葛藟，于臲卼，曰动悔，有悔，征吉。

释义　葛藟（lěi）：一种葡萄类藤木。臲卼（niè wù）：高而直竖的木桩。意思是：被困在缠绕的葛藤中，陷入动摇不安的高危之地。这时如果意志动摇会有所悔恨，如果及时悔悟，锐意进取，则吉祥。

智慧鉴用 该爻讲的是：人在困难时就如同葛藤缠绕着大树，攀的越高危险越大，甚至还会连同附着的大树一起倾倒，这些都是盲目妄动的不幸。受困者只有改过自新，反悔过失，总结教训，坚定战胜困难的意志，才会有今后事业的发展。否则就是"攀藤附葛，禽困覆车"的结局。

井 卦

智慧精华　君子如何劝勉群众勤劳互助，实现物阜民丰的目标？

《易传》曰："君子以劳民劝相。"井卦通过井水养人的种种美德，告诫君子要鼓励百姓勤劳，并引导他们互相帮助；同时也要不断修省自身，要有无私奉献、不图所报的精神；要善于挖掘、利用人才，使人尽其才，物尽其用。请看井卦"井然有序，民熙物阜"的智慧与鉴用。

卦象

上六
九五
六四
九三
九二
初六

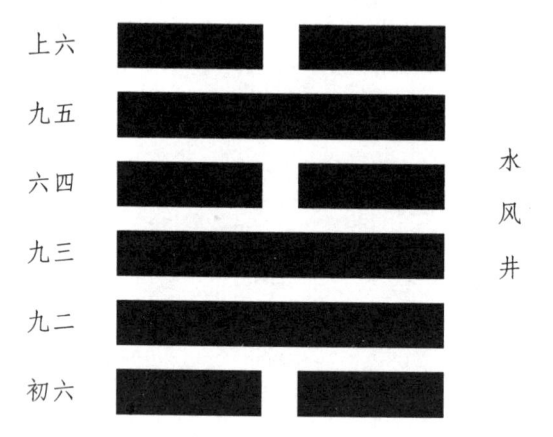

水风井

经文	成语解卦
井：改邑不改井，无丧无得。往来井井，汔至，亦未繘井，羸其瓶，凶。	井然有序　民淳俗厚
初六　井泥不食，旧井无禽。	枯本竭源　有志无时
九二　井谷射鲋，瓮敝漏。	败井颓垣　蓬户瓮牖
九三　井渫不食，为我心恻。可用汲，王明，并受其福。	井渫不食　才高运蹇
六四　井甃，无咎。	掘井及泉　韬晦待时
九五　井洌，寒泉食。	丰功厚利　廉泉让水
上六　井收勿幕，有孚元吉。	博施济众　民熙物阜

卦爻辞释义及智慧鉴用

卦辞　改邑不改井，无丧无得。往来井井，汔至，亦未繘井，羸其瓶，凶。

释义　邑：指村邑。古代八家为一井，四井为一邑。相当于现在的村组基层单位。汔（qì）：几乎，将近。繘（jú）：井辘轳上的绳子。羸：碰撞，这里指撞破，毁坏。瓶：瓦罐。意思是：居住的村邑可以搬迁，但井却不能迁移，井水每日汲取不减少，泉水流入不见多，来往的人都到井里来取水。取的水快要到井口了，却把汲水的瓦罐打破了，凶险。

智慧鉴用 该卦以水井设喻：水井不能迁移，可村邑可以搬迁。井水水源充足，取之不竭，存之不盈，宽容地听任来来往往的人前来取水。井卦通过展示井水养人的种种美德，比喻君子应当修养自身，贡献自己的才智，服务于众生。这就是"井然有序，民淳俗厚"的景象。

爻辞 初六 井泥不食，旧井无禽。

释义 井泥：井枯无水见污泥，废而无用。禽：指鸟类。意思是：干枯的废井，全是污泥，不能提供饮用的水，连鸟雀都不来光顾。

智慧鉴用 该爻以废弃的旧井设喻，告诫我们人生是一个不断追求、自我完善的过程，只有与时俱进、除旧更新、积极进取、有错就改才会永葆青春活力。如若固步自封、消沉懈怠，最终肯定会被社会淘汰，就如同一口废弃的枯井，失去存在的意义了。这就是"枯本竭源，有志无时"的结果了。

爻辞 九二 井谷射鲋，瓮敝漏。

释义 井谷：井中积水的低洼处。射鲋：是指捉鱼。敝漏：是指陈旧破漏。意思是：井中积水之处被当作捉鱼的场所，用来打水的瓦罐破漏。

智慧鉴用 该爻以井水很长时间无人取水,只有小鱼小虾在水中尽情地嬉戏设喻,告诉我们,如果一位德才兼备的人,长期得不到重用,就像一口井没人取水和维护一样,时间久了就变成了废井。千里马常有而伯乐不常有,这是令人遗憾的事。这就是"败井颓垣,蓬户瓮牖"的结果。

爻辞 九三 井渫不食,为我心恻。可用汲,王明,并受其福。

释义 渫(xiè):指的是除污,疏通。恻:指悲伤,同情,不忍心。意思是:井中已经除污,但仍然没有人来取水饮用,使人心中悲伤。希冀有人前来汲水使用,君王贤明是大家共同的福气。

智慧鉴用 该爻以已经清洗干净的井,而没人饮用设喻,形容一位高端难得的人才没有得到重用情况,从而使得贤能者忍辱负重,而奸佞小人得宠的现象。这就是"井渫不食,才高运蹇"的局面,实为可惜。

爻辞 六四 井甃,无咎。

释义 "甃"(zhòu)指用砖或石头砌的井壁。意思是把井壁用砖石加固好,没有过错。

智慧鉴用 该爻以加固井体设喻,告诫一个优秀的人才,在创业初期不要盲目激进,一定要不断地完善自己、充实自己，为今后的大发展打下坚实的基础。这就是"掘井及泉，韬晦待时"的智慧。

爻辞 九五 井冽，寒泉食。

释义 "冽"指清澈明净。"寒"指凉爽。爻辞意思是井水清澈明净，就像甘甜凉爽的泉水一样，可供饮用。

智慧鉴用 该爻形容一个成功人士既有阳刚之才，又有中正之德，德才兼备，可谓完美无缺，此时正是羽翼丰满，到了可以大展宏图、发挥作用的时候了。这就是"丰功厚利，廉泉让水"的智慧。

爻辞 上六 井收勿幕，有孚元吉。

释义 "收"指收取。"幕"指覆盖。"孚"指诚信。意思是当井修好之后，不要用井盖把它盖上，以供民众随时取用；心怀诚意非常吉祥。

智慧鉴用 该爻以取水以后不盖井口，诚恳地任人取用设喻。这就好比一个领导，其德行越深厚、事业心越强，则惠及的人越多，而这种精神越是发扬光大，就越能造福于社会。这就是"博施济众，民熙物阜"的大智慧。

革 卦

智慧精华　君子如何审时度势除旧弊、革故鼎新促发展？

《易传》曰："君子以治历明时。"世间的一切事物都处在不断地运动、发展变化之中，变革是天地间万事万物的基本法则；一年四季是在不断地发展变化，社会的发展也是如此，如果旧的制度、政策、法律等已经不适应当今社会，阻碍了社会发展，那就必须找准时机彻底革除。请看革卦"顺天应人，革故鼎新"的智慧与鉴用。

卦象

上六
九五
九四
九三
六二
初九

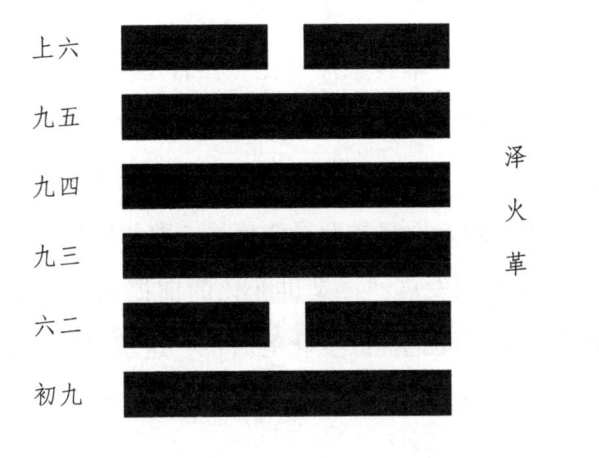

泽火革

经文	成语解卦
革：巳日乃孚。元亨，利贞，悔亡。	革故鼎新　顺天应人
初九　巩用黄牛之革。	积基树本　励精图治
六二　巳日乃革之，征吉，无咎。	除奸革弊　蹈机握杼
九三　征凶，贞厉，革言三就，有孚。	革风易俗　三思而行
九四　悔亡。有孚，改命吉。	胸怀磊落　改往修来
九五　大人虎变。未占，有孚。	大人虎变　言信行果
上六　君子豹变。小人革面，征凶。居，贞吉。	龙腾豹变　革面洗心

卦爻辞释义及智慧鉴用

卦辞　巳日乃孚。元亨，利贞，悔亡。

释义　意思是革卦象征变化，在合适的时机做出改变，前途通畅，坚守正道，悔恨终将会消失。

智慧鉴用　该卦一是讲适时做出改变的必然性和必要性，因为天地间万物都是发展变化的，旧的事物不革除，新的事物就得不到发展；二是讲变化的前提条件：要因时制宜、切合实际，要把握好变化的时机。这就是"革故鼎新，顺天应人"的智慧。

爻辞 初九 巩用黄牛之革。

释义 "巩"是指捆绑。意思是用黄牛坚韧的皮革牢牢地捆绑住。

智慧鉴用 该爻讲的是在改革之初，要用像黄牛一样的中顺之道来稳定社会秩序，千万不可急躁冒进。只有这样才能不断地积聚实力，为即将到来的变革打下良好的基础。这就是"积基树本，励精图治"的智慧。

爻辞 六二 已日乃革之，征吉，无咎。

释义 意思是改革条件成熟的时候断然进行变革，前途必获吉祥，无灾祸。

智慧鉴用 该爻讲的是当改革时机成熟的时候，应果断革除弊端，全面实施改革。这就是"除奸革弊，蹈机握杼"的智慧。

爻辞 九三 征凶，贞厉，革言三就，有孚。

释义 "征"指躁动，激进。"言"指改革的办法。"三"指多次。"就"指征求意见。"有孚"指诚信，信服。意思是在变革时，过于躁动激进，有凶险；变革事宜要多研究，赢得信赖。

智慧鉴用 该爻讲的是在变革过程中，过于躁动激进会带来凶险。当需要变革之时，固执守旧、极力阻碍改革的进行也会带来危害。在改革前夕，要周密慎重地制定改革方案，包括改革办法、内容、步骤、依据等，都要广泛地征求大家的意见，只有大多数人都认可改革时，改革才会获得成功。这就是"革风易俗，三思而行"的智慧。

爻辞　九四　悔亡。有孚，改命吉。

释义　意思是悔恨已经消失，但仍旧需要人们的信赖以坚定革除旧的事物的信心，如此改革才会吉祥。

智慧鉴用　"九四"讲的是改革方案中不完善的部分已得到修订、更正，得到人们的广泛信从拥护。这时改革者必须具备敢于担当的优秀品质，不能患得患失，畏首畏尾。这就是"胸怀磊落，改往修来"的智慧。

爻辞　九五　大人虎变。未占，有孚。

释义　意思是大人像猛虎一样推行改革，不必质疑他的正确和诚信。

智慧鉴用　该爻以老虎换毛设喻。老虎换毛因时而易，遵循自然规律，按照季节的变化而变化，每年春秋两季，虎毛脱旧换新。虎变之寓意为顺天应时。脱旧换新之后，光彩昭然，显而易见，其可信之程度已不言自明。告诫领导干部也要顺应自然规律和社会规律，抓住有利时机，果断地进行除旧布新。这就是"大人虎变，言信行果"的智慧。

爻辞 　上六　君子豹变。小人革面，征凶。居，贞吉。

释义 　"豹"指隐伏伺机而动的猛兽，这里喻指应变能力强。"征"指过于激进。此爻意思是变革时期，君子会像豹子一样闻风而动，小人难改旧习，虽过于激进凶险，但只要固守正道，吉祥。

智慧鉴用 　该爻讲的是改革已经完成，然而在这个时候，千万不能满足现状，而应该随着时代发展，巩固改革成果。因为在追随改革的人里面，有很大一部分人只是摄于改革的威力，表面上顺从，但内心未必完全认同，一旦出现任何变故和反复，他们很可能成为改革的阻力。因此，要在取得初步成功的基础上，再接再厉，千万不要让那些投机钻营者有机可乘。这就是"龙腾豹变，革面洗心"的道理。

鼎 卦

智慧精华　君子怎样才能担当起负衡据鼎的鼎新重任？

《易传》曰："君子以正位凝命。"鼎卦讲的是改革之后的新成果如何巩固。"正位凝命"，也就是改革者要认清当前自己所处的位置，凝固使命；要秉承前人的革故之功，任用贤能，实现繁荣鼎盛的新目标。请看"鼎新革故、盐梅相成"的智慧与鉴用。

卦象

上九
六五
九四
九三
九二
初六

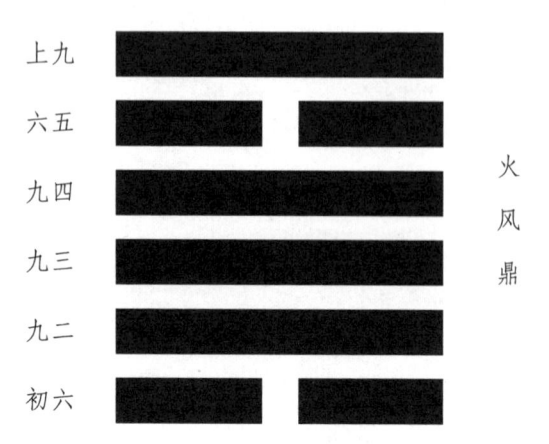

火风鼎

经文		成语解卦	
鼎：元吉，亨。		鼎新革故	不辱使命
初六	鼎颠趾，利出否，得妾以其子，无咎。	吐故纳新	妇孺皆知
九二	鼎有实，我仇有疾，不我能即，吉。	彼竭我盈	谨本详始
九三	鼎耳革，其行塞，雉膏不食，方雨亏悔，终吉。	屯蹶否塞	盐梅相成
九四	鼎折足，覆公𬂩，其形渥，凶。	鼎折覆𬂩	知羞识廉
六五	鼎黄耳，金铉，利贞。	负衡据鼎	耳聪目明
上九	鼎玉铉，大吉，无不利。	咸与维新	刚柔相济

卦爻辞释义及智慧鉴用

卦辞 元吉，亨。

释义 意思是开始吉祥，亨通顺利。

智慧鉴用 鼎卦告诉人们，要达到鼎盛繁荣，重点在于德才兼备的领导者，他不仅能把改革成果发扬光大，还能根据发展的实际情况实现再创新。鼎卦重点强调的是"正位凝命"，"凝命"就是固守使命，在秉承前人革故之功的前提下再立新功。这就是"鼎新革故,不辱使命"的智慧。

爻辞 初六 鼎颠趾,利出否,得妾以其子,无咎。

释义 "颠"指颠覆,倾倒。"否"同痞,指不好、丑恶的劣质的东西。"出否"指吐故纳新。意思是把鼎器颠倒使足朝上,再把鼎中陈积的污秽之物清洗干净;这时娶妻生子,没有过错。

智慧鉴用 该爻喻示我们:从事新事业的之前,先要调整思想,摒弃旧的观念,做好革新的准备工作,同时也要做好广泛的宣传动员工作,使群众对改革事业的支持和理解。这就是"吐故纳新,妇孺皆知"的道理。

爻辞 九二 鼎有实,我仇有疾,不我能即,吉。

释义 "仇"指与自己意志不合者,相对立者;"疾"指妒害之意;"即"是靠近。爻辞说的是鼎中装满了美味佳肴,招来敌对者的嫉妒,却不能把自己怎么样,吉祥。

智慧鉴用 该爻含义是:身处富裕、顺利的有利环境时,容易招来竞争对手的妒忌,但只要我能够有效地采取刚中自守、小心做事、谨慎做人的原则,那么欲害我者便会无隙可乘。这就是"彼竭我盈,谨本详始"的智慧。

爻辞 九三 鼎耳革,其行塞,雉膏不食,方雨亏悔,终吉。

释义 鼎耳：鼎腹两边高出部位谓之鼎耳，中空以便于穿进横木杠，搬运鼎身。"雉膏"指甘美的山鸡汤。"方雨"指下雨的时候。意思是鼎的耳朵坏了，无法移动，由于突然下雨，鼎中甘美的山鸡汤也不能喝了。不要难受和后悔，这场雨是久旱甘霖，最终吉祥。

智慧鉴用 该爻讲的含义是：鼎新变革之时，总会出现一些突发情况，这有碍鼎新之事的正常进行。正如大鼎的鼎耳和鼎身不协调，致使前进受阻，连鼎中甘美的鸡羹也因而难以享用。这时要及时协调矛盾、化解矛盾，就会获吉。这就是"屯蹶否塞，盐梅相成"的智慧。

爻辞 九四 鼎折足，覆公𫗧，其形渥，凶。

释义 "公"指位高权重的王公大臣。"𫗧"（sù）是一种用碎米与竹笋做成的菜粥。"渥"（wò）是沾濡之貌，这里指尴尬的样子。意思是移鼎时不慎而折足，使鼎中王公的粥饭洒了出来。沾满鼎身，很难看，凶。

智慧鉴用 该爻含义是：在鼎新的过程中，一个不自量力的人，承担了无法担当的责任，经办了没有能力办成的事情，当然非常凶险。所以做人做事要有自知之明，要德配其位。这就是"鼎折覆𫗧，知羞识廉"的道理。

爻辞 六五　鼎黄耳，金铉，利贞。

释义 "黄"，黄色为土色，以五行论属于中央位，寓意守中。"铉"是古代横鼎耳用来扛鼎的杠子。"金"指刚实坚硬之质。意思是鼎耳的位置适中，又配上了结实的鼎杠，这样在抬鼎的时候就能保持中正，不至于倾斜。

智慧鉴用 该爻的含义是：大鼎是政权稳固的象征，静止时若不稳固，即会"覆公𫗧"。搬运时若不守中正，即会毁其器。鼎耳和鼎铉必须相互配合，才能保持稳定。这告诉我们做事一定要持中守正、正大光明、上下一心，这就是"负衡据鼎，耳聪目明"的道理。

爻辞 上九　鼎玉铉，大吉，无不利。

释义 意思是在用来抬大鼎的鼎杠上配上玉饰，十分吉祥，不会有什么不利。

智慧鉴用 该爻讲的含义是：镶玉铜制的鼎杠架在鼎上，因为它能够刚柔相济，所以一切顺利。此爻提示我们：做基础性工作，肩负重任，只有具备极强的协调能力、沟通能力以及外柔内刚的气质的人才能胜任。这就是"咸与维新，刚柔相济"的智慧。

震 卦

智慧精华　遇到惊魂动魄的突发事件怎么办？平时如何以恐惧修省？

《易传》曰："君子以恐惧修省。""震"卦揭示的是一种忧患意识。每个人都要磨砺出驾驭突发事件的应变能力；要居安思危、时时警觉；要戒慎在先、则不惧于后，闻动而后静，先惊而后乐；请看震卦"天震地骇，匕鬯不惊"的智慧与鉴用。

卦象

上六
六五
九四
六三
六二
初九

震为雷

经文	成语解卦
震：亨，震来虩虩，笑言哑哑，震惊百里，不丧匕鬯。	天震地骇　匕鬯不惊
初九　震来虩虩，后笑言哑哑，吉。	轰雷掣电　甄心动惧
六二　震来厉，亿丧贝。跻于九陵，勿逐，七日得。	撼天震地　救困扶危
六三　震苏苏，震行，无眚。	天灾地变　急不暇择
九四　震遂泥。	灾难深重　救世济民
六五　震往来厉，亿无丧，有事。	惊魂动魄　亿兆一心
上六　震索索，视矍矍，征凶。震不于其躬，于其邻，无咎。婚媾有言。	惊慌失措　雪上加霜

卦爻辞释义及智慧鉴用

卦辞　亨，震来虩虩，笑言哑哑，震惊百里，不丧匕鬯。

释义　"虩虩"（xìxì）指惊惧顾虑不安的样子。"哑哑"指欢笑和乐的样子。"匕"即舀汤的羹匙。"鬯"（chàng）指祭祀用的香酒。意思是当惊雷震动，令人感到惶恐，君子能安之若素，言笑如故，手中的汤匙和酒都未震落。

智慧鉴用　该卦告诫人们，遇到忧危的冲击时，要以恐惧修身，使恐惧转为致福。这里的致福是在于加强自身的涵养，磨砺出驾驭复杂事件的能力，吸取突变带来的教训，时时坚持警觉。震卦揭示的是一种忧患意识，说明震惧、慎行可致亨通的道理。这就是"天震地骇，匕鬯不惊"的智慧。

爻辞　初九　震来虩虩，后笑言哑哑，吉。

释义　意思是惊雷震动令人恐惧，因恐惧而修省，则言笑自若，吉祥。

智慧鉴用　该爻讲的是：虽然在雷震刚来时，有些猝不及防的恐惧心理，但是由于它能及时调整心态，戒惧自己，修身自省，最终能化恐惧为安详。此爻告诫我们：人生无常，应该在平日安宁之时就做到谨慎小心，不断修炼自己，从而达到笑对人生的状态。这就是"轰雷掣电，甄心动惧"的道理。

爻辞　六二　震来厉，亿丧贝。跻于九陵，勿逐，七日得。

释义　"亿"通臆，指臆断。"贝"指利益，财物。"跻"指跻身。"九陵"是很高的山丘。"逐"指追逐寻找。意思是惊雷袭来有危险，人们丢弃家财，跑到山陵上，不要去寻钱财，七天后会失而复得。

智慧鉴用 该爻讲的含义是：突如其来的变故，就好比地震一样给人们带来极大的危害，估计会损失很多的财产。遇上这种情况，首先要考虑生命安全，逃到安全的地带，以静观其变，千万不可亡命取物。剧变虽然来得凶猛，但事过之后，要赶快进行自救和互救，将损失降到最低程度。这就是"撼天震地，救困扶危"的智慧。

爻辞 六三 震苏苏，震行，无眚。

释义 "苏苏"是微微发抖；"眚"，眼睛上长的白斑，这里代指灾祸。意思是雷震动时微微发抖，但能谨慎行事，这样就不会有灾祸。

智慧鉴用 该爻告诫人们：惊险的事情逐渐过去，尽管仍然心有余悸，但大胆前行已不会有危险了，这时要齐心协力，赶快开展自救，弥补损失。这就是"天灾地变，急不暇择"的道理。

爻辞 九四 震遂泥。

释义 "遂"同坠，指坠陷。意思是雷霆震动，惊慌失措而坠陷泥污中。该爻意思是震雷使山林崩溃成为泥潭，人们在连续遭受突如其来的沉重打击之后，深陷于灾难之中，振奋不起，难以自拔。

智慧鉴用 该爻提示我们：在强大的自然灾害面前，除了灾民在第一时间采取互救和自救的同时,政府要积极采取救援措施,同时号召全国上下要一方有难,八方支援。这不仅是抗震救灾的需要,更是一个国家增强凝聚力、向心力和激发爱国热情的需要。汶川大地震救灾和灾后重建就是非常鲜明的例证。这就是"灾难深重,救世济民"的智慧。

爻辞 六五 震往来厉,亿无丧,有事。

释义 "有事",春秋时称祭祀活动为"有事",这里代指宗庙社稷。"无丧"指不会有大的损失,这里指社稷稳固。意思是当雷声震动之时,上下往来会有危险。以恐惧之心谨守中道就会万无一失,宗庙社稷也可以长盛不衰。

智慧鉴用 该爻再次告诫我们:当强大的自然灾害发生时,上下往来的路都不通,或通而不畅,随时都有坍塌的危险。这时受灾者除了等待救援以外,更重要的是自己组织起来进行自救和互救,减少伤亡。这就是"惊魂动魄,亿兆一心"的道理。

爻辞 上六 震索索,视矍矍,征凶。震不于其躬,于其邻,无咎。婚媾有言。

释义 "索索"指浑身颤抖。"矍矍"(jué)指惊魂未定,目光游移。"躬"是亲身。"婚媾"指亲比同行。"有言"指怨咎之言。意思是听到雷震之后吓得浑身颤抖,目光游移，丧魂落魄。前行妄动，至凶。雷震没伤到自己，而波及了近邻，没有灾难。此时求婚，产生不满。

智慧鉴用　该爻告诉我们：在自然灾害发生时，表现过度的惊惧而哆嗦不已，甚至目光游移不定，这是凶险的事。当灾难发生在自己身上，此时应积极自救和互救，其次是耐心等待救援，不要妄动。如果是灾害发生在其他人身上，应迅速地实施救援，但一定要在力所能及的情况之下，决不可盲目行动。若是感情用事、不择时机地进入灾区，定会得不偿失。这就是"惊慌失措，雪上加霜"的道理。

艮 卦

智慧精华 如何审时度势知进退？做到思不出其位？

《易传》曰："君子以思不出其位。"它告诫我们所有的所思所虑都不要超越本位，同时给我们指明了"时止则止、时行则行，动静不失其时"的理论思想。不论"行"或是"止"都要看准时机，把握机遇。请看艮卦"思不出位，知足知止"的智慧与鉴用。

卦象

| 上九 |
| 六五 |
| 六四 |
| 九三 |
| 六二 |
| 初六 |

艮为山

艮卦

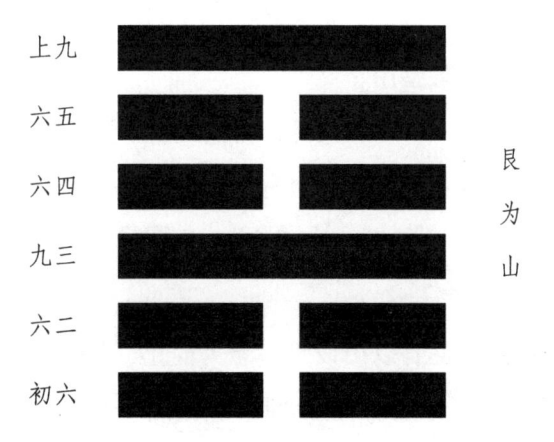

经文		成语解卦	
艮：艮其背，不获其身，行其庭，不见其人，无咎。		思不出位	知足知止
初六	艮其趾，无咎，利永贞。	趑趄不前	慎始敬终
六二	艮其腓，不拯其随，其心不快。	不随以止	身心交病
九三	艮其限，列其夤，厉薰心。	戛然而止	肝心若裂
六四	艮其身，无咎。	因时制宜	知止不殆
六五	艮其辅，言有序，悔亡。	祸从口出	言之有序
上九	敦艮，吉。	慎终如始	止于至善

卦爻辞释义及智慧鉴用

卦辞 艮其背，不获其身，行其庭，不见其人，无咎。

释义 艮卦象征抑制，卦辞表面意思是说止于背部，身体不转动。在庭院里踱步，感觉不到有人在，进入这一境界，不会受害。

智慧鉴用 艮卦以山设喻，意为静止、和平、天下大治之时。艮卦用在行政管理上，则可概括为"令行禁止"四字。该落实的事情不能等、靠、拖，但对过时的规章制度应坚决予以取缔和废止。艮卦用于个人修养，首先是对自己的现实要知足和满意，常言道：比上不足，比下有余；其次就是在努力向上的同时，要不断地认真总结和反思，对错误的、不合时宜的事情，该停下的一定要叫停。再次是要做到劳逸结合，该停下休息的时候一定要休息，合理的休息是为了更好地工作。这就是"思不出位，知足知止"的智慧。

爻辞 初六 艮其趾，无咎，利永贞。

释义 意思是：迈出脚步时发现错了，马上停止，没有过错，有利于长久坚守正道。

智慧鉴用 该爻告诉我们：做事刚一开始就发现自己错了，应该马上停止下来，及时纠正错误，才不至于错上加错。因此，做事要时刻保持谨慎的态度，特别是在"万事开头难"的关键时刻。这就是"趑趄不前，慎始敬终"的智慧。

爻辞 六二 艮其腓，不拯其随，其心不快。

释义 "腓"指膝关节以下的小腿部位。爻辞意思是：抑制住自己的行动，但无法拯救别人，心中感觉不畅快。

智慧鉴用 该爻提示我们：大家在一起做事的时候，已经知道这件事错了，就要及时停止。但由于每个人想法不同，其他人并不一定意识到错误，这时只能管住自己。虽心中不能畅快，但在客观环境限制我们有所作为的时候，也不能过分强求。这就是"不随以止，身心交病"的心情。

爻辞 九三 艮其限，列其夤，厉熏心。

释义 "限"指界限；"列"指分开，并列不相连。"夤"指人的脊柱，位置与心相对。爻辞意思是抑止腰部的行动，以至于撕裂了脊背的肉，身陷危险而心忧如焚。

智慧鉴用 该爻告诉我们：在事情发展到关键时刻，一定要把握进退时机，该进取时，则一定进取，决不能停止不前，如果突然停止，将会造成无法挽回的损失。这就是"戛然而止，肝心若裂"的难受心情。

爻辞 六四 艮其身，无咎。

释义 意思是抑止身体上部不动，就不会受害。

智慧鉴用 该爻讲的是：知止而不妄动才没有灾祸。告诫我们要善于控制自己欲望，常常反躬修身，就能够平安无事。这就是"因时制宜，知止不殆"的道理。

爻辞 六五 艮其辅，言有序，悔亡。

释义 "辅"指脸辅，面颊。"言有序"指讲话要得体、有序。意思是：约束自己的嘴巴，不要随便乱说，说话要有分寸和条理。

智慧鉴用　该爻含义是：管住自己的嘴巴，不要信口开河，说话讲究分寸，言之有序，在生活中说话必定要有理有据，不可妄言。这样就不会因言语之失而懊悔。这就是"祸从口出，言之有序"的道理。

爻辞　上九　敦艮，吉。

释义　"敦"是敦厚、笃实。爻辞意思是能够以敦厚笃实的德行抑止邪欲，这样就会获得吉祥。

智慧鉴用　该爻提示我们：行事做人要有始有终，不可半途而废，尤其是到了最后关头，更要坚持到底，不可松懈。这就是"慎终如始，止于至善"的智慧。

渐 卦

智慧精华 怎样才能做到初心不改,循序渐进好事成?

《易传》曰:"君子以居贤德善俗。"任何事物生长发育都是一个渐进的过程,想一蹴而就是痴心妄想;谈婚论嫁,更要有序、慎重。该卦用鸿雁喻示:鸿雁的品格就是往来有时、先后有序、雌雄比翼、失偶不取。请看渐卦"循序渐进,女大当嫁"的智慧与鉴用。

卦象

```
上九  ▬▬▬▬▬▬▬
九五  ▬▬▬▬▬▬▬
六四  ▬▬▬  ▬▬▬
九三  ▬▬▬▬▬▬▬       风山渐
六二  ▬▬▬  ▬▬▬
初六  ▬▬▬  ▬▬▬
```

经文		成语解卦	
渐：女归，吉，利贞。		循序渐进	女大当嫁
初六	鸿渐于干，小子厉，有言，无咎。	鸿渐于干	事预则立
六二	鸿渐于磐，饮食衎衎，吉。	宾饯日月	开怀畅饮
九三	鸿渐于陆，夫征不复，妇孕不育，凶。利御寇。	鸿渐之翼	陆詟水栗
六四	鸿渐于木，或得其桷，无咎。	鸣雁直木	好谋善断
九五	鸿渐于陵，妇三岁不孕，终莫之胜，吉。	陵谷沧桑	倍道而进
上九	鸿渐于陆，其羽可用为仪，吉。	鸿渐之仪	志洁行芳

卦爻辞释义及智慧鉴用

卦辞　女归，吉，利贞。

释义　"归"指归宿，这里指女人找婆家。意思是女子出嫁，按照婚嫁的礼节循序渐进，就会得到吉祥，利于守持正道。

智慧鉴用　渐卦象征渐进，任何事物的生长发育都是一个循序渐进的过程，要想一蹴而就，根本办不了大事。该卦以鸿雁在远行的群体迁徙过程中由低渐高，由近及远的飞行来形象地表达渐的含义。渐卦就人事而言，以男女订婚为喻。我国古代订亲成家，必须经历男方媒人前来"提亲""问名""纳彩""请期""迎亲"等一系列礼仪程序。这揭示了"渐"行的卦旨。这就是"循序渐进，女大当嫁"的道理。

爻辞 初六 鸿渐于干，小子厉，有言，无咎。

释义 "干"通"岸"；"有言"是指有怨言，被人议论。爻辞意思是鸿雁远行之前，汇聚于河岸，做飞行准备。小雁不知旅途艰险，不耐心等待，受到责备，没有害。

智慧鉴用 该爻以鸿雁在远行之前做准备设喻，首先一个个渐渐地聚到河岸，做好结伴飞行的准备；小雁认识不到旅途的艰险，不能耐心等待而产生怨言，受到众雁的责备。此爻提示我们：事情在刚刚起步阶段，千万不可躁动，一定要渐行渐进，同时要有团队精神，不可独来独往，否则会有风险。这就是"鸿渐于干，事预则立"的智慧。

爻辞 六二 鸿渐于磐，饮食衎衎，吉。

释义 "磐"指磐石；"衎衎"（kàn kàn）指快乐、安定、合适自得的样子。本爻意思是鸿雁聚集到磐石上，做起程准备，一起饮食，吉祥。

智慧鉴用　该爻讲的是：鸿雁在迁飞前，已经从河岸渐渐升到磐石上栖息，安享饮食，做起飞前的最后准备，河坡上呈现一片和谐欢快的吉祥气氛。其含义是提示我们做事要有始有终，并且要有仪式感。这就是"宾饯日月，开怀畅饮"的送别场景。

爻辞　九三　鸿渐于陆，夫征不复，妇孕不育，凶。利御寇。

释义　意思是大雁渐渐飞回到陆地上，丈夫出征还没回来，妻子无法生儿育女，凶险，但有利于抗击侵略者。

智慧鉴用　该爻以鸿雁回归设喻：鸿雁已渐渐进至小山之上，离实现远途迁徙的目标更近一步。提示我们：现在很多人为了国家安全、建设和自己事业需要，夫妻双方不得已而分居两地，这时要求外出的人员要按时回家探亲，平时也要多联系，要关心家人。在家的妻子要把家里的老人和孩子照顾好，不让在外工作的丈夫分心。同时夫妻双方都要守好贞洁之道，不可有过越之事发生，只有这样坚持下去，才能实现远景目标。这就是"鸿渐之翼，陆耆水栗"的结果。

爻辞　六四　鸿渐于木，或得其桷，无咎。

释义　"木"指大树；"桷"（jué）是树干主枝的分叉

处，常为飞禽做窝栖息之地。意思是：鸿雁飞起来逐渐前进到一片大树林，或许能找到较平的枝杈得以栖息，不会带来什么灾祸。

智慧鉴用　该爻以鸿雁休息设喻，告诫我们：当一项工作进行到过半时，就要及时地进行阶段性总结，考虑分析现在所处的位置与原定目标的差距，做好下一步的工作打算。这就是"鸣雁直木，好谋善断"的智慧。

爻辞　九五　鸿渐于陵，妇三岁不孕，终莫之胜，吉。

释义　"莫"古同"漠"，广大。意思是：鸿雁飞来逐渐到丘陵上，妻子三年没有怀孕；丈夫最终取得了大胜，吉祥。

智慧鉴用　该爻讲的是：群雁经过长期的飞行，克服重重阻力，终于实现了远途迁徙的目标。此爻喻示我们：夫妻两地分居，二人共同克服了重重困难，丈夫因圆满完成任务而凯旋，妻子虽然几年没有生育有所损失，但只要选的路对，坚持下去便能够实现自己的目标，因此最终是吉祥的。这就是"陵谷沧桑，倍道而进"的规律。

爻辞　上九　鸿渐于陆，其羽可用为仪，吉。

释义　意思是群雁迁徙已经到达了目的地。漂亮的羽毛可以作为典礼上的装饰品，吉祥。

智慧鉴用 该爻讲的是：雁群迁徙，已经到达目的地的上空了，仍然沉着稳定，羽翅翩翩翻动，队形整齐有序，丝毫不乱。此爻赞美智者拥有居高不傲和超然物外的美德，同时也提醒人们做事要善始敬终，常言道：行百里者半九十。做事越是到了最后关头，越要加倍小心，确保万无一失。一件大事成功后，要搞一个简朴、热烈而有意义的庆祝活动。这就是"鸿渐之仪，志洁行芳"的大智慧。

归妹卦

智慧精华 如何做到忠贞不渝，与相爱的人白头偕老？

《易传》曰："君子永终知敝。"意思是：人们一旦结婚，就要长久不渝终守正道，要知道恒定婚姻关系被破坏的弊端。现在很多人认为：两个异性的结合便是家庭，随时可以分道扬镳；其实从领取结婚证那一刻开始，婚姻已不是两个人的事了，它连着家庭和社会；恋爱可以自由，但婚姻不能随意！请看归妹卦"燕燕于归，终焉之志"的智慧与鉴用。

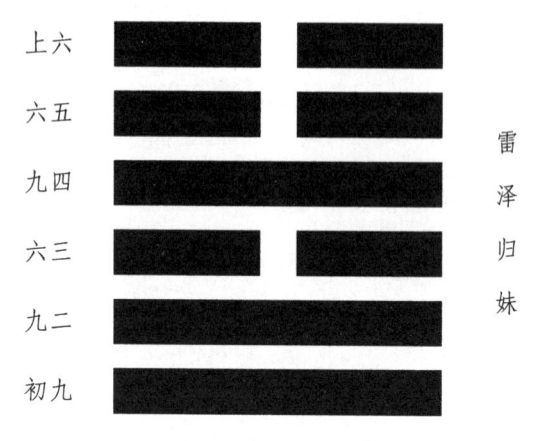

卦象

上六
六五
九四
六三
九二
初九

雷泽归妹

经文	成语解卦
归妹：征凶，无攸利。	燕燕于归　终焉之志
初九　归妹以娣，跛能履，征吉。	一心同归　跛行千里
九二　眇能视，利幽人之贞。	视微知着　空谷幽兰
六三　归妹以须，反归以娣。	待字闺中　吾谁与归
九四　归妹愆期，迟归有时。	女长当嫁　爱人以德
六五　帝乙归妹，其君之袂不如其娣之袂良。月几望，吉。	纡尊降贵　花好月圆
上六　女承筐，无实。士刲羊，无血。无攸利。	仰事俯育　生生不息

卦爻辞释义及智慧鉴用

卦辞　征凶，无攸利。

释义　归妹象征着婚嫁，意思是：婚姻每一步走错都有凶险，不会有利益。

智慧鉴用　归妹卦十分关注家族伦常的道德规范，通过以德化的方式使社会趋向和谐有序。当今社会，很多年轻人认为：两个异性的结合，便是家庭。其实在现实生活中，家庭是很复杂的，受生存的社会环境、风俗、礼仪等各方面的影响和制约。特别是女子，出嫁之后，随着身份的改变，家庭观念、权利义务等，也相继发生了变化。这就要及时适应新的环境，更新观念，改变立场，与新家庭成员统一思想，将自己融入新家庭之中。要正确处理好娘家与婆家关系，正确对待做儿媳、妻子、母亲的权利义务和责任。因此女子出嫁应当慎而又慎，千万不可急于求成而有失正道。这就是"燕燕于归，终焉之志"的道理。

爻辞 初九 归妹以娣，跛能履，征吉。

释义 意思是：出嫁的少女作为偏房，如同跛足之人，虽偏斜不正，但如果依礼而行有所作为，可获得吉祥。

智慧鉴用 该爻的情况已不符合当今的社会制度，但也可提示我们：人生充满着种种不如意的情况，在被命运捉弄之时，只要顺应正道，安分守己，做好自己应该做的事，一样可以获得成功，拥有自己的幸福生活。这就是"一心同归，跛行千里"的道理。

爻辞 九二 眇能视，利幽人之贞。

释义 眇：指视力有毛病。幽：指深居。贞：守正。意思是：坚守宽容忍让的美德，有利于深居之人坚守正道。

智慧鉴用 该爻讲的是：少女因一时的感情用事，急于求嫁而找到一位不太理想的丈夫，造成婚姻的不满，这时可以有多种解决方法去解决存在的问题，该爻的选择是：坚守宽容忍让，对丈夫过去的某些行为睁只眼闭只眼，只要今后改邪归正即可，这样也会相安无事。这就是"视微知着，空谷幽兰"的道理。

爻辞　六三　归妹以须，反归以娣。

释义　少女等待出嫁，没找到如意郎君，找了一个结过婚的男子。

智慧鉴用　该爻讲的是：女子待嫁自持清高，高不成低不就，尚未找到合适的对象，还在等待，结果误了青春，反而找了个二婚的男子出嫁，如果不嫁，也很有可能独身一生。这就是"待字闺中，吾谁与归"的忧虑。

爻辞　九四　归妹愆期，迟归有时。

释义　愆（qiān）：延误。意思是：待嫁少女推延了婚期，以待时机成熟，仍有希望。

智慧鉴用　该爻讲的是：少女已找到德才兼备的男子，要等到各方面时机成熟之后再举行婚礼。这时男女双方应积极做好婚前的各项准备工作，其标准是：量力而行、符合礼仪即可。这就是"女长当嫁，爱人以德"的道理。

爻辞　六五　帝乙归妹，其君之袂不如其娣之袂良。月几望，吉。

释义 君：指正室夫人。袂：指服饰。几：将近的意思。望：月圆之日。意思是：纣王的父亲帝乙将妹妹嫁给周文王做偏房，王后的衣饰还不如偏房的衣饰好，月亮快圆的时候出嫁，吉祥。

智慧鉴用 该爻借喻商王帝乙（纣王之父）的妹妹嫁给周文王的情景。帝乙的妹妹地位之尊贵，陪嫁之丰厚华美，周文王的正妻都无法与她比拟。这说明文王的正妻具有谦逊中和之德，一定可以获得吉祥和幸福。这也告诉我们一个道理：幸福的婚姻，不是以彩礼或陪嫁的丰厚来决定的，这就是"纡尊降贵，花好月圆"的道理。

爻辞 上六 女承筐，无实。士刲羊，无血。无攸利。

释义 意思是：女子拿着筐篮，空空荡荡没有实物；男子用刀宰羊却不见出血，非常不利。

智慧鉴用 该爻说明：男女双方成婚，自始至终都要以诚相待，不要互相欺骗，如果是靠欺骗来维持婚姻，最终都得不到好结果。所以男女双方都要心怀诚意地"仰事俯育"，最终才能实现"生生不息"的幸福家庭，造福子孙后代。

丰 卦

智慧精华　如何避免得意忘形，使事业保持如日中天？

《易传》曰："天地盈虚，与时消息。"在事业红红火火之时，一定要保持清醒的头脑，决不能骄傲自满；要利用这一大好机会，总结多年的经验和教训，继续做大做强；要泽被民生、扶危济困，要有感恩之心、饮水思源。请看丰卦"与时消息，月满则亏"的智慧与鉴用。

卦象

上六
六五
九四
九三
六二
初九

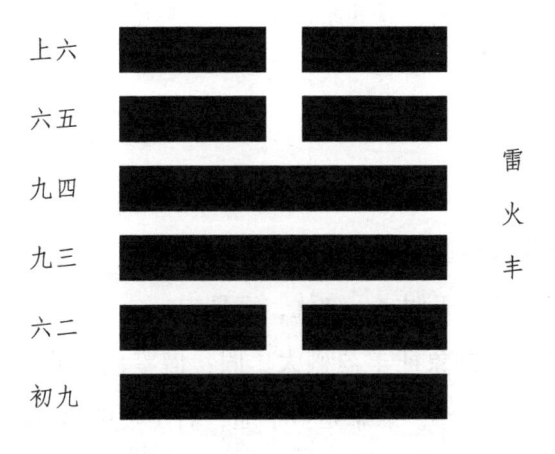

雷火丰

经文	成语解卦	
丰：亨，王假之，勿忧，宜日中。	物阜民丰	如日方中
初九 遇其配主，虽旬无咎，往有尚。	知己之遇	数往知来
六二 丰其蔀，日中见斗。往得疑疾，有孚发若，吉。	丰屋之戒	正言直谏
九三 丰其沛，日中见沫。折其右肱，无咎。	长林丰草	与时消息
九四 丰其蔀，日中见斗，遇其夷主，吉。	暗无天日	另谋高就
六五 来章，有庆誉，吉。	无胫而至	明刑不戮
上六 丰其屋，蔀其家，窥其户，阒其无人，三岁不觌，凶。	丰屋蔀家	月满则亏

卦爻辞释义及智慧鉴用

卦辞 亨，王假之，勿忧，宜日中。

释义 丰卦象征丰盈盛大。假：借鉴、借助之意。宜：指保持、固守之意。意思是：亨通，君王能够借助这一大好机遇大展宏图，不用忧愁。应该保持太阳位居中天，光芒万丈的这种状态。

智慧鉴用 该卦告诉我们：丰大则可有利于通达，成功人士可借助这一大好机会，实现自己的宏图事业。这时适宜持守中道，谨慎行事，始终保持清醒的头脑，采取措施保持如日中天之势，切不可被胜利冲昏头脑，而采取不当的行动，否则"日中则昃"。这就是"物阜民丰，如日方中"的盛世景象。

爻辞 初九 遇其配主，虽旬无咎，往有尚。

释义 配：指匹配，般配。旬：为十天。意思是：遇到了与自己相配的主人，虽然把自己考察了十天，也没有关系，今后一起做事会得到尊重。

智慧鉴用 该爻告诉我们：在创业的初期阶段，能遇上与自己志同道合的伙伴，发展前景定能呈现上升趋势。这时为人处事不可傲视，即使自己能力很强，也要明白强中自有强中手，要有礼貌地与其他合作者往来，耐心地接受大家的意见和建议。这就是"知己之遇，数往知来"的智慧。

爻辞 六二 丰其蔀，日中见斗。往得疑疾，有孚发若，吉。

释义 蔀（bù）为草席屋顶，这里指遮蔽。斗：星斗。发：启发。意思是：草棚遮蔽很大，中午却像看到北斗星一样，前往会受人猜疑。出自内心的诚信，吉祥。

智慧鉴用 该爻讲的是：丰大浓密的大树枝叶使阳光受到遮蔽，举目而视，浓叶中透出的零星阳光如同满天星斗，留恋如此胜景，令人有种不分昼夜陶醉的感觉。同样的道理，生活在盛世的人们都要有谦虚的态度，提建议也要极其之诚，并有居安思危的思想，自然可以实现自己的人生目标。这就是"丰屋之戒，正言直谏"的高尚品德。

爻辞 九三 丰其沛，日中见沫。折其右肱，无咎。

释义 沛：指幡幔、窗帘类的物品，表示遮蔽程度比"蔀"更严。沫：指阳光由明变暗，时隐时现。右肱：指右臂，喻指帮手。意思是：就像幔幕遮日，在太阳中天的正午可见小星星。折断自己的右臂，没有过错。

智慧鉴用 该爻告诉我们：盛大之时光明被遮住，就像贤明的人才遇到不明事理的领导，贤才不能顺利发挥应有的作用，只有"折起右肱"而自保，此时贤才也只能隐忍等待时机的到来。这就是"长林丰草，与时消息"的智慧。

爻辞 九四 丰其蔀，日中见斗，遇其夷主，吉。

释义 意思是：光明遭到深林的遮蔽，明亮的白天却看到了夜晚的北斗星；但若遇到明智主人，吉祥。

智慧鉴用 该爻以大树遮蔽阳光设喻，形容君王不重视人才，使贤才得不到重用，而贤才只能在"暗无天日"的情况下"另谋高就"。

爻辞 六五 来章，有庆誉，吉。

释义 来：招徕，吸引。章：章明。庆：福庆。誉：美誉。意思是：能招徕有美德的贤能之士辅佐，会有喜庆和美誉，吉祥。

智慧鉴用 该爻告诉我们：要想长治久安的发展，领导干部就必须不断地加强修养，光明正大，明辨是非，完善规章制度，只有这样才能乐而无忧。同时，要想获得成功，就必须正视人才的作用，人才是事业获得成功的关键所在。有了人才和完善的规章制度，国家和社会才能有更大的发展。这就是"无胫而至，明刑不戮"的道理。

爻辞 上六 丰其屋，蔀其家，窥其户，阒其无人，三岁不觌，凶。

释义 窥：指偷看。阒（qù）：指寂静。觌：指相见、见面。意思是：建起房子，把居室用草席遮蔽上，对着窗户窥视外面的世界，寂静无声，不见人影。多年不外出见世面，必然有凶险。

智慧鉴用 该爻告诉我们：如果一个人富裕丰满之后，孤傲地高高在上、飞扬跋扈。同时他不断扩大自己的宅院，整日住在自己的大院子里不出门、不社交，结果反而把自己与世隔绝，陷入孤立境地，招致无穷的风险。

人生活在社会里，不可因自视清高而自我封闭，避世独存，每一个人都应该主动负担起社会责任和家庭责任，否则肯定凶险。这就是"丰屋蔀家，月满则亏"的道理。

旅 卦

智慧精华　旅行、旅居和出门在外,怎样做到游必有方?

《易》曰:"旅即次,怀其资,得童仆贞。"意思是说:旅游及出门在外一定要带足经费,要住相对好一点的宾馆,才能得到优质的服务。常言道:穷家富路。在家可以节俭一些,但在旅途中要以安全、舒适为主。同时出门在外要有谦柔、和顺之心,不要逞强好胜,得理不饶人。具备了这些基本条件,您就可以勇敢地走出家门去闯荡世界、学本领、开眼界和享受生活了。请看旅卦的"政通人和、悠游自得"的智慧与鉴用。

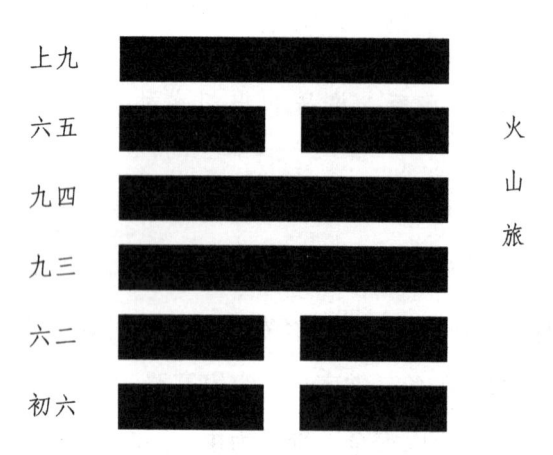

卦象

```
上九  ▅▅▅▅▅
六五  ▅▅ ▅▅
九四  ▅▅▅▅▅      火
九三  ▅▅▅▅▅      山
六二  ▅▅ ▅▅      旅
初六  ▅▅ ▅▅
```

经文	成语解卦	
旅：小亨，旅，贞吉。	政通人和	悠游自得
初六 旅琐琐，斯其所取灾。	干脆利索	游必有方
六二 旅即次，怀其资，得童仆贞。	丰衣足食	自由自在
九三 旅焚其次，丧其童仆贞，厉。	偶影独游	危在旦夕
九四 旅于处，得其资斧，我心不快。	进旅退旅	盘游无度

| 六五 | 射雉，一矢亡，终以誉命。 | 弯弓饮羽 | 浮名虚誉 |
| 上九 | 鸟焚其巢，旅人先笑后号咷，丧牛于易，凶。 | 乐不极盘 | 鸟焚鱼烂 |

卦爻辞释义及智慧鉴用

卦辞　小亨，旅，贞吉。

释义　本卦辞的意思是：小有通达，在旅行中能坚守正道必然吉祥。

智慧鉴用　旅卦是旅行、旅居的意思，专讲行旅之理。随着人们社会活动范围的扩大，出行交往的机会越来越多，无论是在外求学、工作或经商，都会客居他乡，与陌生人相处。纵观六爻，凡阴柔中顺者皆得吉，凡阳刚高亢者则危。凡旅居他乡者，不可逞刚用强，当以保全自身为本。这就是"政通人和，悠游自得"的在"旅"景象。

爻辞　初六　旅琐琐，斯其所取灾。

释义　旅行之始猥琐不堪，这是自己惹来的麻烦。

智慧鉴用　该爻告诉我们：行旅之人不做猥琐、失仪之事，也不要舍不得花钱让人瞧不起。若为琐碎小事斤斤计较，定会招祸上身。在行旅或在人生旅途中，越是事业刚刚起步，就更应该宽容、大气和大度。这就是"干脆利索，游必有方"的行旅要求。

爻辞 六二 旅即次，怀其资，得童仆贞。

释义 意思是：旅客住进旅馆，保管好自己的钱财，得到了周到的服务，是正确的。

智慧鉴用 该爻告诫我们：人在旅途中，一定要做到"穷家富路"，也就是在家时要尽量俭省节约，但出门在外一定要准备好足够的资金，该花的钱一定要花。要尽量选择舒适、安全、服务周到的旅居之所；要找到志同道合、能互相协助的人同行，这样才能够安全、顺畅地完成行程。这就是"丰衣足食，自由自在"的行旅日子。

爻辞 九三 旅焚其次，丧其童仆贞，厉。

释义 意思是：旅途中所住的旅馆失火，童仆也逃生去了，应遵守正道以防危险。

智慧鉴用 该爻告诫我们，行旅住所被大火烧掉了，又失去了同行的人，形单影只流落他乡，必至危厉之灾。所以出门在外一定要以安全为主，要住在正规的宾馆，千万不要贪图便宜，住在证照不全、安全设施不到位的"黑店"。这就是"偶影独游，危在旦夕"的道理。

爻辞 九四 旅于处，得其资斧，我心不快。

释义 处：指处所。资：指资财。斧：指帮助。意思是：居于异乡，尽管得到了他人的钱财之助，但心情仍然不愉快。

智慧鉴用 该爻讲的是：旅游出了安全事故以后，长期客居他乡，流亡于外，尽管能得到多方人士的援助，拥有足够的行旅资费，但始终只为宾客不为主人，本次旅游的目标未遂，故心中常怀不快。这就是"进旅退旅，盘游无度"的情况。

爻辞 六五 射雉，一矢亡，终以誉命。

释义 雉：指野鸡。誉：指好的名声。命：指任命，爵命。意思是：射野鸡，一箭射中，虽然失去了一支箭，但最终获得了荣誉和爵命。

智慧鉴用 该爻以射取一只鸡而失去了一支箭设喻，告诫人们做事要从全局的战略高度去看，要看总体利益和长远利益，得到一只鸡要远比失去一支箭值钱得多，因此不要因为失去一支箭而难受，而要以能射一只鸡为荣。这就是"弯弓饮羽"的勇猛善射，而不是"浮名虚誉"。

爻辞 上九 鸟焚其巢，旅人先笑后号咷，丧牛于易，凶。

释义 咷（táo）同啕。意思是：鸟巢失火被烧掉，旅行者先喜悦欢笑,后来号啕痛哭;因在这里丢失了牛,有凶险。

智慧鉴用 该爻讲的是:行旅在外之人,不要像飞鸟一样高傲地离群索居,否则鸟巢被焚毁,就会无处安身也找不到同伴。流连山水美景本可令人心情愉快,一旦出了旅游安全事故,就难免会乐极生悲。这就是"乐不极盘,鸟焚鱼烂"的道理。

巽　卦

智慧精华　服从是职责，但凡事百依百顺就是懦弱，如何掌握恰当的度？

《易传》曰："君子以申命行事。"古人云："君子之德风，小人之德草。"草具有随风倒的倾向，由此可见，社会风气的好坏关键在于君子是否能做好表率，以身作则；作为社会的每一个成员都要遵纪守法，做社会风尚的践行者。请看巽卦"风行草偃，仁言利博"的智慧与鉴用。

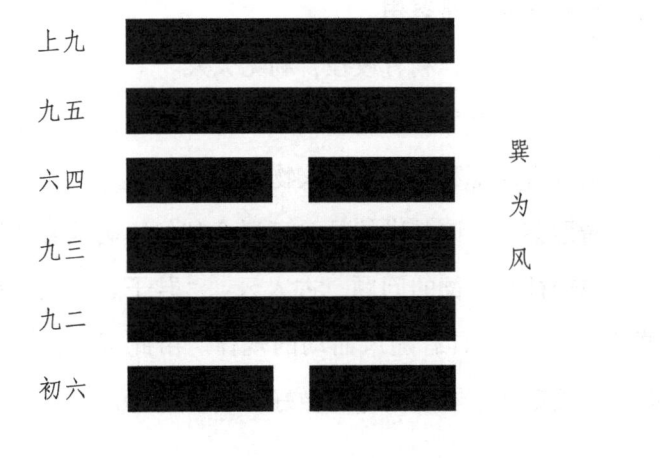

卦象

上九
九五
六四
九三
九二
初六

巽为风

经文	成语解卦	
巽：小亨，利有攸往，利见大人。	风行草偃	仁言利博
初六 进退，利武人之贞。	进退履绳	唯命是从
九二 巽在床下，用史巫纷若，吉，无咎。	恭而有礼	循规蹈矩
九三 频巽，吝。	百依百顺	俯首听命
六四 悔亡，田获三品。	柔能制刚	事半功倍
九五 贞吉，悔亡，无不利。无初有终，先庚三日，后庚三日，吉。	功成名就	原始要终
上九 巽在床下，丧其资斧，贞凶。	乐极哀来	屈尊就卑

卦爻辞释义及智慧鉴用

卦辞 小亨，利有攸往，利见大人。

释义 巽卦象征顺巽，意思是有小的通达，宜于有所行动，请教有才德和有力量的人物帮助。

智慧鉴用 该卦讲的是关于群众如何正确地看待民俗风尚、遵守社会公德的问题，古人云："君子之德风，小人之德草。"表明草具有随风而动的规律。由此可见，社会风气好坏的关键在于君子是否能做好表率。

作为领导要审慎颁令，要考虑到大多数人的利益，同时要接受群众的监督；作为属下要严格执行、遵守法令，又要与各种不良社会现象做斗争；作为群众要有柔顺之德，遵纪守法，每一个人既是社会风尚的维护者，又是创立者。只有这样，良好的社会风气才能得以形成、维护和发展。这就是"风行草偃，仁言利博"的道理。

爻辞 初六 进退，利武人之贞。

释义 "进退"指犹豫不决，无所适从。"武人"代指刚决果断之人。意思是进退不决，利于勇武之人坚守中正。

智慧鉴用 该爻告诉我们：无论进退，都要服从安排，遵守各项规章制度，这仅仅对于武人的军事行动有利。但是如果一个人过度谦卑和缺乏信心、一味地"进退履绳，唯命是从"是不够的，还要根据当时的事物发展的实际情况而适当调整变化，常言道：将在外，君命有所不受。

爻辞 九二 巽在床下，用史巫纷若，吉，无咎。

释义 意思是谦卑而屈居于床下，如果能像官吏、巫师那样谦恭诚意敬神，吉祥无害。

智慧鉴用 该爻告诫我们：为人处事要能屈能伸，过于刚强不能顺应领导，对自己的事业是不利的。要有礼而且诚信地遵循领导的指示，按照客观规律办事，谦卑有度，自然会获得吉祥。这就是"恭而有礼,循规蹈矩"的道理。

爻辞 九三 频巽,吝。

释义 "频"指频繁、往复、屡次。意思是一味顺从,心无主见,会有祸患。

智慧鉴用 该爻警告我们:对于强势的人,我们通常不得不皱着眉头勉为逊顺,忍受屈辱,只知唉声叹气。但一味地隐忍只会使对方更加强势,使自己的困难严重加剧,所以人不可逊顺过度,在条件成熟的时候要学会说"不"。这就是"百依百顺,俯首听命"也要有度的道理。

爻辞 六四 悔亡,田获三品。

释义 意思是危难困窘将会消解,打猎时收获颇丰。

智慧鉴用 该爻告诉我们:逊顺的目的是为了有所作为,而不是为了毫无原则地刻意讨好他人,学会说"不"以后初步有了收获。这就是"柔能制刚,事半功倍"的道理。

爻辞 九五 贞吉,悔亡,无不利。无初有终,先庚三日,后庚三日,吉。

释义 意思是坚守正道,可获吉祥。危难困窘消失,无所不利。起初虽然不顺,但最后却能畅通。时间当以庚日的前三日和庚日的后三日行事,定获吉祥。

智慧鉴用　该爻讲的是：革除了不合时宜的规章制度，并在推行新制度的过程中，做好了宣传动员工作。同时在试行期再三叮嘱，慎行其事，反复揆度其得失，并根据试行情况及时做好了调整。如此申命行事，办事得体，顺乎民心，最终定能成功。这就是"功成名就，原始要终"的道理。

爻辞　上九　巽在床下，丧其资斧，贞凶。

释义　意思是谦卑恭顺到了极点而屈于床下，丧失了赖以谋生的资本，结果肯定凶险。

智慧鉴用　该爻讲的是：人一定要刚柔兼备，太刚不行，太柔同样不行。如果顺从太过，为长不尊而卑居床下，便失去了作为人应有的果敢、坚毅、雷厉风行的作风和魅力，一味地迁就和软弱，最终肯定导致凶险。这就是"乐极生悲，屈尊就卑"的道理。

兑　卦

智慧精华　如何和悦处事、宽以待人？

《易传》曰："君子以朋友讲习。""有朋自远方来不亦说乎？"朋友聚在一起喜悦地相互交流学习心得是一件令人高兴的事。该卦提出在人际交往中，如何以善处友，告诉人们要"刚中而柔外、顺乎天而应乎人"；不可心怀私意、虚情假意、耽于声色，更不要玩物丧志、放弃原则、迁就小人。请看兑卦"和颜悦色，以礼相待"的智慧与鉴用。

卦象

上六
九五
九四
六三
九二
初九

兑为泽

经文	成语解卦
兑：亨，利贞。	和颜悦色　讲古论今
初九　和兑，吉。	心悦神怡　以礼相待
九二　孚兑，吉。悔亡。	赤诚相待　心悦诚服
六三　来兑，凶。	投怀送抱　防意如城
九四　商兑未宁，介疾有喜。	通商惠工　乐成人美
九五　孚于剥，有厉。	花天酒地　剥肤之痛
上六　引兑。	呼朋引类　阿谀谄佞

卦爻辞释义及智慧鉴用

卦辞　亨，利贞。

释义　兑卦象征喜悦，亨通畅达，利于坚守中正之道。

智慧鉴用　该卦讲的是：在人际关系中如何善用和悦的问题。提出"刚中而柔外"、守正和悦待人，坚持顺乎天理、合乎人情等原则。强调为人处世不可心怀私意，虚情假意，矫揉造作。同时也不可耽于声色、玩物丧志、放弃原则、迁就小人。这就是"和颜悦色，讲古论今"的道理。

爻辞　初九　和兑，吉。

释义　意思是能以平和喜悦的态度待人，获得吉祥。

智慧鉴用　该爻讲的是：和颜悦色，亲切友好地会谈，定会吉祥。为人处世，对待家人可以严格，对待他人一定要注意一个"和"字。这就是"心悦神怡,以礼相待"的道理。

爻辞　九二　孚兑,吉。悔亡。

释义　"孚"指诚实可信,真心交往。意思是诚信而喜悦,吉祥,悔恨消失。

智慧鉴用　该爻讲的是:心怀诚信与人和悦相处,一定会有好的结果,即使有悔吝之过咎,也会自行消亡。同时告诫我们,在和悦待人的前提下,也要注意坚守正道和诚信,这样才能达到真正意义上的和谐。这就是"赤诚相待,心悦诚服"的规律。

爻辞　六三　来兑,凶。

释义　意思是前来寻求欣悦,有凶险。

智慧鉴用　该爻讲的是:以搬弄是非来取得别人的欢心,定会带来凶险。因此,主动谄媚者不可信任,无故亲热的小人必须提防。这就是"投怀送抱,防意如城"的道理。

爻辞　九四　商兑未宁,介疾有喜。

释义　意思是反复思量与人关系过密的危害,心绪不宁,须排除疾恶才会有喜庆的结果。

智慧鉴用　该爻提示我们:生活中常常有正、邪两派力量来争取您，这时候如何甄别，如何做出正确的选择就显得非常重要了，因此自己要坚守阳刚正道，积极进取，坚持原则，与奸佞小人划清界限，祛除避害，助坚守正道之人一臂之力。这就是"通商惠工，乐成人美"的智慧。

爻辞　九五　孚于剥，有厉。

释义　"剥"指剥取。意思是小人道长，君子道消，有危险。

智慧鉴用　该爻讲的是沉迷于小人的巧言令色之中，诚实守信被剥除，必有危险。该爻告诫我们：看人不可只看外表，要观其言，察其行。与外表热情、内心奸邪的小人在一起，容易走上危险的邪路。这就是"花天酒地，剥肤之痛"的结果。

爻辞　上六　引兑。

释义　"引"指引诱，意思是引诱别人与自己一同欢悦。

智慧鉴用　该爻讲的是：极其阴邪不正之人，其危害不仅在于阴邪不正，更在于其以巧言令色包藏着害人之祸心，用谄媚的手段来引诱别人与之和悦相处，以便实现其阴谋，这更应该引起我们的高度警惕。这就是"呼朋引类，阿谀谄佞"的告诫。

兑卦

涣 卦

智慧精华 在涣散分离之时，如何树立权威、增强凝聚力？

《易传》曰："刚来而不穷，柔得位乎外而上同。"领导和员工要同心同德，管理上要刚柔、宽严得当，这个团队肯定有凝聚力；如果领导沉迷于歌舞升平之中，放弃了原则性和进取心，那么这个团队肯定是一盘散沙。请看涣卦"风行水上，同忧相救"的智慧与鉴用。

卦象

上九	▅▅▅▅▅
九五	▅▅▅▅▅
六四	▅▅ ▅▅
六三	▅▅ ▅▅
九二	▅▅▅▅▅
初六	▅▅ ▅▅

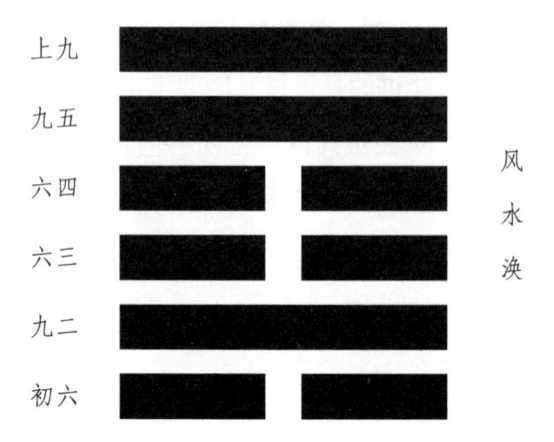

风水涣

经文	成语解卦
涣：亨，王假有庙，利涉大川，利贞。	风行水上　决胜庙堂
初六　用拯，马壮，吉。	车驰马骤　临难不恐
九二　涣奔其机，悔亡。	奔走呼号　穷猿奔林
六三　涣其躬，无悔。	舍己为人　同忧相救
六四　涣其群，元吉。涣有丘，匪夷所思。	洪水横流　匪夷所思
九五　涣汗其大号，涣王居，无咎。	涣汗大号　救灾恤患
上九　涣其血去，逖出，无咎。	劫后余生　转祸为福

卦爻辞释义及智慧鉴用

卦辞　亨，王假有庙，利涉大川，利贞。

释义　意思是亨通。君王去宗庙祭祀神灵以祈求保佑，利于渡过大川河流，利于坚守中正之道。

智慧鉴用　涣卦象征着涣散，为分裂、瓦解。此卦的意旨是：由于领导放弃了原则和进取心，整日沉迷于歌舞升平的声乐之中，因此已面临人心涣散的危机。要想求得亨通顺利，必须以诚信为本，守持正道，改革弊制，争取民心，是处于涣散之时的关键。这就是"风行水上，决胜庙堂"的智慧。

爻辞 初六 用拯，马壮，吉。

释义 意思是借助健壮的马匹来弥补力量的不足，吉祥。

智慧鉴用 该爻告诉我们：在洪水快要到来之际，骑马快速离开危险区域。实际上就是在遇到重大危险的时候，在奋力自救的同时还要努力寻求外援，凡有借力的机会，都不能放弃，决不能惊慌失措。这就是"车驰马骤，临难不恐"的应急措施。

爻辞 九二 涣奔其机，悔亡。

释义 意思是洪水已经到来之时，要迅速转移到安全的地方，脱离险境，悔恨便会消失。

智慧鉴用 该爻告诫我们：涣乱的局面已经形成，在自己已经失去了依托，陷入险难之时，要考虑彻底放弃过去的思路和方法，改弦易张，获得新的生机。这就是"奔走呼号，穷猿奔林"的应急办法。

爻辞 六三 涣其躬，无悔。

释义 意思是洪水冲到自己身上，没有后悔。

智慧鉴用 该爻喻示世人：危难之时，不可只顾自身，在灾难面前要积极自救和互救，能够心系他人，自然会得到大家的认可和尊重。这就是"舍己为人，同忧相救"的做人法则。

爻辞 六四 涣其群，元吉。涣有丘，匪夷所思。

释义 意思是解散朋党，吉利。涣散的小团体，而又迅速结成山丘般的大团体，他们的言谈行动离奇古怪，不是一般人根据常情所能想象的。

智慧鉴用 该爻讲的是：在遇到灾难之时需要有远见、无私奉献的人出来引导大家同舟共济、共渡难关，他能够指引大家迅速地聚集到山丘之上，避免洪水冲击人群。这也同样适合于一个团队遇到困难时的情景。一个有远见、组织能力强的人能够机智的带领大家渡过难关，这就是"洪水横流，匪夷所思"的道理。

爻辞 九五 涣汗其大号，涣王居，无咎。

释义 意思是君王让人使尽全力呼喊、宣传刚发布的重大命令，君王拿出库存的物资救灾，没有祸患。

智慧鉴用 该爻启示我们：在危难来临之际，人心涣散之时，要将德才兼备的人放在核心位置，他能使灾民散而不乱、散而能聚地开展自救，给大规模的救援争取时间。同时政府要及时拿出库存物资，迅速地救民于水火。这就是"涣汗大号，救灾恤患"的救灾智慧。

爻辞 上九 涣其血去，逖出，无咎。

释义 意思是摆脱伤害，远远地避开，这样就不会有祸患了。

智慧鉴用 该爻讲的是：洪水的忧患消除了，但一定要谨防灾难重现。在发生重大危难之后，一定要尽快进行灾后重建，努力恢复元气。同时更重要的是总结救灾的经验和教训，做好防灾的各种预案，以免类似的灾难重演。这就是"劫后余生，转祸为福"的智慧。

节 卦

智慧精华　躬行节俭、节用裕民是美德，但如何做到节而有度？

《易传》曰："君子以制数度、议德行。""节"是节制，它包括行为和品德两个方面的节制：在修德方面有"俭以养德，克己复礼"；理财方面有"开源节流"；政治方面有"节以制度，不伤财、不害民"；节卦是当用则用，当省则省。请看节卦"节用裕民，大明法度"的智慧与鉴用。

卦象

上六
九五
六四
六三
九二
初九

水泽节

节卦

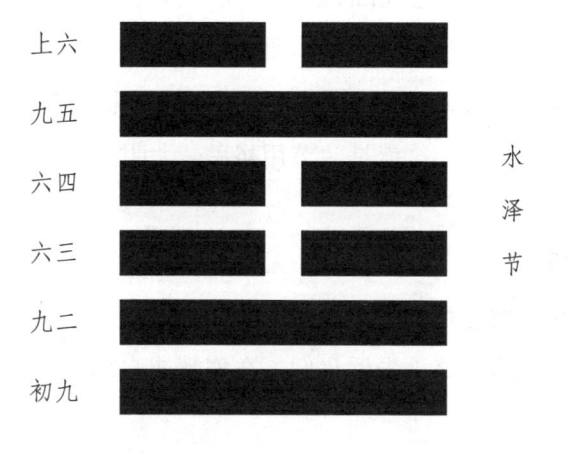

经文	成语解卦	
节：亨，苦节不可贞。	节用裕民	大明法度
初九 不出户庭，无咎。	称家有无	躬行节俭
九二 不出门庭，凶。	闭门不出	嗟悔无及
六三 不节若，由嗟若，无咎。	幡然悔悟	谨身节用
六四 安节，亨。	居安思危	万事亨通
九五 甘节，吉，往有尚。	节用爱民	嘉言懿行
上六 苦节，贞凶，悔亡。	矫枉过正	悔恨交加

卦爻辞释义及智慧鉴用

卦辞 亨，苦节不可贞。

释义 节卦象征节制，意思是合理节制亨通，不要过分地节制，应当持正、适中。

智慧鉴用 节卦讲的哲理应用范围很广，它是一种美德、制度、规范和原理，其本质的意义就是守持正固，贵在德中，调节有度。当用则用，当省则省，既不可奢侈浪费，又不可刻薄吝啬。这就是"节用裕民，大明法度"的智慧。

爻辞 初九 不出户庭，无咎。

释义 意思是不迈出庭院，没有危害。

智慧鉴用 该爻告诉我们：在疫情或自然灾害来临的非

常时期，要见阻而能止，这时要做到谨言慎行、令行禁止、知节能止，暂时待在家中"君子以饮食宴乐"，但不要铺张浪费。更要利用好这个静下来的时间，多读书充电，有效节制焦躁情绪，耐心等待时机。这就是"称家有无，躬行节俭"的道理。

爻辞 九二 不出门庭，凶。

释义 意思是因过分节制而不跨出门庭，会有凶险。

智慧鉴用 该爻讲的是：过分地加以节制自己，终日将自己封闭在家里，可以出门时也不出门，总担心自己会惹上灾祸，不与外界交往，达到了物极必反的阶段。因此，长期不出家门则有凶险。这就是"闭门不出，嗟悔无及"的后果。

爻辞 六三 不节若，由嗟若，无咎。

释义 意思是本该约束节制，却不能节制，事后却嗟（jiē）叹后悔不已，但不是大错。

智慧鉴用 该爻讲的是：一个人能认识到自己的错误，并开始懊悔自己的过失。既然能自己后悔，居不自安，大家就要给予谅解。这也说明人无完人，因为不善自制而犯错误是常有的事，但一个人若能谨慎自察，认真反省，虽然有过而无大害。这就是"幡然悔悟，谨身节用"的智慧。

爻辞 六四 安节，亨。

释义 意思是安然实行节制，可获亨通。

智慧鉴用 该爻讲的是：安于现状，乐于自节，而亨通无阻，这是按社会规律办事的结果。当自己没有能力改变现状时，那就不要去做非分之想，去干自己无能为力的事，而应该节制自己的欲望，则安之乐之，顺其自然即可。这就是"居安思危，万事亨通"的道理。

爻辞 九五 甘节，吉，往有尚。

释义 "甘节"指心甘情愿地节制。该爻辞的意思是能心甘情愿地节制，可获吉祥，前行一定会受到褒奖。

智慧鉴用 该爻讲的是：心甘情愿地受到节制，做到不伤财、不害民，这样就可以获得吉祥。如果在这时有所行动，一定可以得到人们的崇尚和赞美。这就是"节用爱民，嘉言懿行"的智慧。

爻辞 上六 苦节，贞凶，悔亡。

释义 意思是因节制过分，则会感到苦涩，若坚持不改，会发生凶险。如果能对过分节制感到懊悔，则凶险有可能消失。

智慧鉴用 该爻再次劝诫我们：节制固然好，但如果做得太过，让节制苦不堪言，事情就会朝反方向发展，因此我们用节而有道，化"苦"为"甘"。这就是"矫枉过正，悔恨交加"的道理。

中孚卦

智慧精华 如何做到光明磊落、中正诚信？

《易传》曰："信及豚鱼。""中孚"卦讲的是中正诚信的卦，他告诫人们：就连小猪和小鱼都不能骗。他提倡慎守中顺之道，待人要真诚不虚、团结互助，"中孚"是人们立身处世的基点。请看中孚卦"信及豚鱼，至诚高节"的智慧与鉴用。

卦象

上九
九五
六四
六三
九二
初九

风泽中孚

经文		成语解卦	
中孚：	豚鱼吉，利涉大川，利贞。	信及豚鱼	至诚高节
初九	虞吉，有它不燕。	揆情审势	析微察异
九二	鸣鹤在阴，其子和之。我有好爵，吾与尔靡之。	鹤鸣之士	鸣鹤之应
六三	得敌，或鼓，或罢，或泣，或歌。	旋乾转坤	可歌可泣
六四	月几望，马匹亡，无咎。	忠贯日月	驷马难追
九五	有孚挛如，无咎。	孚尹明达	诚至金开
上九	翰音登于天，贞凶。	高谈虚论	危如朝露

卦爻辞释义及智慧鉴用

卦辞 豚鱼吉，利涉大川，利贞。

释义 该卦的意思是：中孚卦象征心中诚信，信用感化小猪、小鱼，定能获吉，利于涉越大河大川，利于坚守中正之道。

智慧鉴用 中孚卦是专讲人的诚信之德的卦。这里的"中"指的是顺乎自然规律，不过不及，慎守中顺之道；这里的"孚"指的是人道，对人应施以诚信，搞好互助关系的同时也要坚定自己的信念，待人真实不虚，信用及于小猪和小鱼那样微贱的动物。做人要表里如一，使人感其诚而定会有利于事业的发展。这就是"信及豚鱼，至诚高节"的诚信准则。

爻辞 初九 虞吉，有它不燕。

释义 "虞"指预料，猜测。"有它"指生异心。"燕"指安宁，安逸。意思是"中孚"可以预料会得到吉祥，但是若有其他想法，则会失去安宁。

智慧鉴用 该爻告诫我们：有德之人时刻审度自己的信念是否符合正道，这样定能获得吉祥，也才能真正做到心中安定，乐于事业。倘若意志不坚定，心生邪念，别有牵挂，则难得安逸。这就是"揆情审势，析微察异"的道理。

爻辞 九二 鸣鹤在阴，其子和之。我有好爵，吾与尔靡之。

释义 "阴"指幽暗之处；"和"指应和；"爵"是古代的酒器，这里代指酒；"靡"指共同分享。爻辞意思是仙鹤在荫蔽之处鸣叫，小鹤跟着应和。我有醇香的美酒，愿与您一同畅饮。

智慧鉴用 该爻以仙鹤设喻，大鹤在隐蔽之处鸣叫，小鹤在远处循声应和，此爻将这种至诚互通之理，应用到平常的社会生活中，就会出现善言善行，即使在千里之外，也能应之。只有心意真诚，以至诚感人，纵使相距再远也能相互应和。这就是"鹤鸣之士，鸣鹤之应"的道理。

爻辞 六三 得敌，或鼓，或罢，或泣，或歌。

释义 意思是遭遇强大的敌人，或者击鼓进攻，或者罢兵回营，或者因为惧怕而哭泣，或者由于胜利而高歌。

智慧鉴用 该爻告诉我们：当遇到强大敌对势力时所采取的几种应对方法：当形势对我方有利时，就一鼓作气打垮敌人；当形势对我不利时，就暂且回营自守等待时机再战；如果万一战败了也不要哭泣，因为哭泣是懦弱者的行为，解决不了任何问题，只能想办法东山再起；如果大获全胜，可以适当庆祝，但不可过分，以防乐极生悲。因此，只要有"旋乾转坤"的能力，就能做出"可歌可泣"的功业。

爻辞 六四 月几望，马匹亡，无咎。

释义 "望"指农历十五、十六月圆之象。意思是在月亮将圆而未盈之际，良马丢失了，没有祸害。

智慧鉴用 该爻告诉我们：在生活和事业上取得突出成绩的时候，突然出现了人才流失或心爱之物丢失的现象。这时也不必有大的惊慌，只要认真面对和以诚相待即可。因为社会在发展、人类在进步。"良禽择木而栖、良才择主而事"，每个人都有自由选择工作的权利。同时任何事情都有两面性，"塞翁失马，焉知非福"？只要有中正之德和至诚至信之心,就能够达到"忠贯日月,驷马难追"的诚信标准。

爻辞 九五 有孚挛如,无咎。

释义 意思是具有诚信之德,牵系天下人心,没有祸患。

智慧鉴用 该爻告诉我们:自身既要有诚信这一美德,又要能密切联系群众、集思广益。那么他一定能无往而不胜,事业也一定能够成功。这就是"孚尹明达,诚至金开"的智慧。

爻辞 上九 翰音登于天,贞凶。

释义 "翰"指赤羽的山鸡,又叫作锦鸡。意思是锦鸡高声鸣叫,响彻极天,华而不实,肯定出现凶险。

智慧鉴用 该爻以锦鸡设喻,锦鸡具有华美的外表,并且飞向高空鸣叫,声音响彻天空。喻指虚声远闻而缺乏笃实精神的人。他告诉我们,要内修至诚至信之心与笃实之道,而不能仅靠华美的外表而张扬,只唯图虚名。这种华而不实的人,是绝对干不出大事业的,最终肯定有凶险。这就是"高谈虚论,危如朝露"的道理。

小过卦

智慧精华 如何对待自己的过错或过越，有效避免酿成祸患？

《易传》曰："君子以行过乎恭、丧过乎哀、用过乎俭。"它告诉我们，做任何事情都要遵循物极必反这一规律，过了就不合礼仪了。因此为人做事都要小心谨慎，有了小的过错或过越就要及时反省，弄明白错在哪里和错的原因，从而及时改进。请看小过卦"过为己甚，执用两中"的智慧与鉴用。

卦象

上六	
六五	
九四	
九三	
六二	
初六	

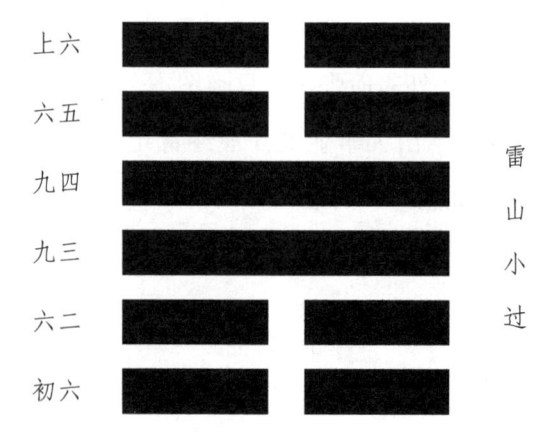

雷山小过

经文	成语解卦
小过：亨，利贞，可小事，不可大事。飞鸟遗之音，不宜上，宜下，大吉。	过为已甚　执两用中
初六　飞鸟以凶。	飞扬浮躁　好高骛远
六二　过其祖，遇其妣，不及其君，遇其臣，无咎。	君臣佐使　按部就班
九三　弗过防之，从或戕之，凶。	桀骜自恃　戕身伐命
九四　无咎，弗过遇之。往厉，必戒。勿用，永贞。	身不遇时　行不履危
六五　密云不雨，自我西郊，公弋取彼在穴。	云天雾地　衮衮诸公
上六　弗遇过之，飞鸟离之，凶。是谓灾眚。	为虺弗摧　见机而作

卦爻辞释义及智慧鉴用

卦辞　亨，利贞，可小事，不可大事。飞鸟遗之音，不宜上，宜下，大吉。

释义　意思是小过卦象征小有过越，刚开始亨通，坚守中正之道，可以去干一些小事，但不可去做大事；飞鸟留下悲鸣之时，不应该向上强飞，而应该向下栖息，如此，大为吉祥。

智慧鉴用 该卦讲的是：小过卦是小有过越，也就是在处理问题时要注重"度"的把握。它含有两层意思，其一是指"小事过越"，过越的都只限日常小事，一切大事宜小心谨慎而为。其二是指"小的过越"，则在程度上突破幅度不宜过大，不可冒险，按照客观规律循序渐进，坚守中正之道做事。这就是不要"过为已甚"，要做到"执两用中"的道理。

爻辞 初六　飞鸟以凶。

释义 意思是飞鸟向上强飞将会出现凶险。

智慧鉴用 该爻告诫我们：就像学飞的雏鸟，在羽翼未丰之时，冲天飞翔将会有危险。所以要脚踏实地、量力而行，要顺势而为、把握尺度，如果一味地奋进，最终肯定有凶险。这就是"飞扬浮躁，好高骛远"的道理。

爻辞 六二　过其祖，遇其妣，不及其君，遇其臣，无咎。

释义 "祖"指祖父；"妣"指祖母。意思是指在向长辈请示家事时，可不通过祖父而向祖母请示。在请示国家大事时，在不能直接求见于君王的情况下，请示君王的亲近大臣，不会有过错。

智慧鉴用 该爻告诫我们：超越自己能力和本分的事尽量不做，但在特殊情况下偶尔为之也许可以获得好处，但做多了则会引起其他人的猜忌，给自己带来麻烦。这就是"君臣佐使，按部就班"的智慧。

爻辞 九三 弗过防之，从或戕之，凶。

释义 "弗过"不要太过。"戕"是戕害。意思是自恃强盛而不愿加倍防患于未然，从而将要为人所害，故有凶。

智慧鉴用 该爻告诉我们：不要自恃刚强，过越中道，违背常规。在防止自己过于躁动冒进的同时，也要谨慎提防周围的阴险小人。如若轻信这些小人对您的顺从恭维，很有可能会受到他们的戕害，给自己带来意想不到的凶灾。这就是"桀骜自恃，戕身伐命"的道理。

爻辞 九四 无咎，弗过遇之。往厉，必戒。勿用，永贞。

释义 意思是：不要高傲地与人相处，主动前往有凶险，务必心存戒惕，这时不可施展才能，永远坚守正道。

智慧鉴用 该爻告诫我们：不要过于强求与人交友，更不要盛气凌人，只能等待他人自愿结合，实现互惠互利。因此要懂得因时制宜而自戒。这就是"身不遇时，行不履危"

的智慧。

爻辞 六五 密云不雨，自我西郊，公弋取彼在穴。

释义 "弋"指带绳子的箭。"穴"指穴居。意思是从西郊而来的乌云密布在天空，却不能降雨。王公们用细绳系在箭上射取那些藏在穴中的害兽。

智慧鉴用 该爻提示我们：身处要职，肩负重任者行事不可拘泥于条条框框，在处理日常事务时应该实实在在、坚决果断、竭力除害、矫正弊端，要以大局为重，绝不能"云天雾地，衮衮诸公"。

爻辞 上六 弗遇过之，飞鸟离之，凶。是谓灾眚。

释义 "灾眚"天降殃祸谓之灾，人为之祸谓之眚。意思是没有及时叫停，超越过远，就像飞鸟离开巢穴太远，飞到危险地带遭到射杀，有凶祸，这是自找的灾祸。

智慧鉴用 该爻揭示了一个道理：世间万物，都应适可而止，纵使小有过失，但要及使停下，决不应该超过其应有的度，因为大的凶险就是因小的过失积累而成的。这就是"为虺弗摧，见机而作"的道理。

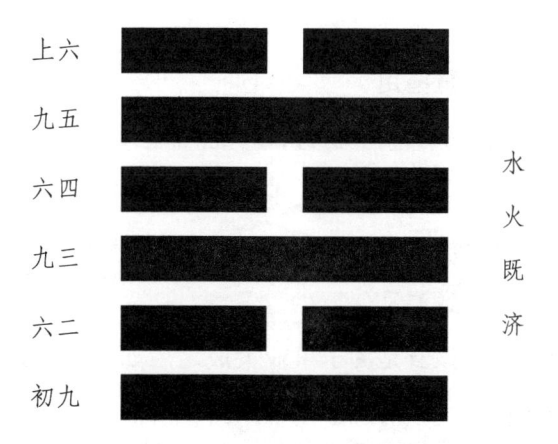

既济卦

智慧精华 在功成名就之时，如何做到持盈保泰、安而不忘危？

《易传》曰："君子以思患而预防之。"在事业成功之后如何巩固和保护成果？就像在行船时，要准备棉絮防止漏水一样，做到居安思危、防患于未然，以求持盈保泰。请看既济卦"小隙沉舟，未雨绸缪"的智慧与鉴用。

卦象

上六
九五
六四
九三
六二
初九

水火既济

经文		成语解卦
既济：	亨，小利贞。初吉，终乱。	各得其所 安不忘危
初九	曳其轮，濡其尾，无咎。	持盈保泰 防患未然
六二	妇丧其茀，勿逐，七日得。	以逸待劳 企踵可待
九三	高宗伐鬼方，三年克之，小人勿用。	燮理阴阳 疑人勿用
六四	繻有衣袽，终日戒。	小隙沉舟 未雨绸缪
九五	东邻杀牛，不如西邻之禴祭，实受其福。	天道无亲 扶正黜邪
上六	濡其首，厉。	泥船渡河 果于自信

卦爻辞释义及智慧鉴用

卦辞 亨，小利贞。初吉，终乱。

释义 既济卦象征完成，本卦辞的意思是取得了阶段性的成就，亨通顺利，利于坚守正道，开始吉祥，但如有不慎，最终就会导致混乱。

智慧鉴用 该卦是关于事业大成之后如何巩固既得的成就，如何居安思危，防患于未然的卦。阶段性的成果不等于发展的停止，矛盾的平衡及事业的大成都只能是相对的、暂时的，不平衡才是绝对的。因此"守成"并不意味着要放弃对新目标的追求，而是把"既济"当作新起点，告诫我们要继续发扬自强不息、与时俱进的精神，去创造新的更大的成就。这就是"各得其所，安不忘危"的智慧。

爻辞　初九　曳其轮，濡其尾，无咎。

释义　"曳"指拖住。"濡"是指沾湿。意思是：拖住车的轮子，使它速度放慢。狐狸渡河时沾湿尾巴，使之无法快游，没有灾祸。

智慧鉴用　该爻讲的是：在事业取得阶段性成功之时，应当适当修整，认真总结，不能盲目冒进。如同马车到达了驿站，就应该把马卸下来吃草和休息，同时把车闸拉下进行车辆的检修和保养。待一切总结和准备工作就绪后，就可以踏上新的征程再出发！这就是"持盈保泰，防患未然"的智慧。

爻辞　六二　妇丧其茀，勿逐，七日得。

释义　"丧"指丧失、丢落。"茀"指车布帘帷幕。"逐"指追寻。意思是贵妇人丢失了遮掩车子的帷幕，不用去寻找了，七日之内会失而复得的。

智慧鉴用　该爻告诫我们：假如失去了一次机遇，千万不要太伤心，只要能够克制自己的情绪，耐心等待新的机会，"塞翁失马，焉知非福"，事情终会圆满完成的。这就是

"以逸待劳,企踵可待"的道理。

爻辞 九三 高宗伐鬼方,三年克之,小人勿用。

释义 意思是殷高宗武丁征伐西北的鬼方国,经过三年的连续战斗,才获得胜利。

智慧鉴用 该爻讲的是:创业的成功来之不易,成功之后的管理更不容易,这里就面临一个新的问题:怎样对待小人?小人也曾在创业时顺势立功,但小人容易贪功冒进或焦躁激进。若用小人管理大事,必致危,因此不能重用。该爻说明,创业难,守成更难。守成之事千头万绪,会遇到许多意想不到的事,稍有不慎就可能酿成大祸。这就是"燮理阴阳,疑人勿用"的道理。

爻辞 六四 繻有衣袽,终日戒。

释义 "繻"与"濡"通用,这里指船舱漏水。"袽"(rú)与"絮"通用,指用来堵塞漏洞的纤维物。意思是当划船过河时,要准备一些棉絮,在船漏水时可以用棉絮堵上,要整天保持戒备,以防止发生灾祸。

智慧鉴用 该爻讲的是:大业虽成,亦应居安思危。正如水上驾舟之人备有堵塞漏洞的衣絮之物,应随时保持戒备之心,防止船隙渗漏。因此在安定的时候要想着可能出现的动乱,在动乱的时候要想着怎样实现安定,安定之时不可放松思想警惕,动乱之时不可消沉奋进的斗志。这就是"小隙沉舟，未雨绸缪"的哲理。

爻辞 九五 东邻杀牛，不如西邻之禴祭，实受其福。

释义 "杀牛"表示祭祀之盛。"禴"指薄祀。意思是东边邻居总是做坏事，但祭祀时杀牛来举行盛大祭礼；而西边的邻居总是做好事，但祭祀时只宰了一只鸡进行薄祀，但最终得到的福分最多。

智慧鉴用 该爻讲的是"天道无亲，常与善人"，在"既济"的盛大到来之时，一定要知道"未济"就在后面。这时最忌骄奢，只有心怀诚敬，慎修其德，生生不息地努力向上，才能获得更大的成功。这就是"天道无亲，扶正黜邪"的道理。

爻辞 上六 濡其首，厉。

释义 意思是小狐狸渡河时弄湿了头，有危险。事业大成之时，被胜利冲昏了头脑，久久沉浸在得意之中，这是十分危险的征兆。

智慧鉴用 该爻告诉我们：在事业达到顶峰之时，往往就是危机到来之日，这就像狐狸把头弄湿后在渡河，肯定有危险。这时必须以雷霆手段，及时果断地解决问题，否则肯定会有凶险。这就是"泥船过河，果于自信"的警告。

未济卦

智慧精华 成功都是暂时的、阶段性的，如何做到永不懈怠、继往开来？

《易传》曰："君子以慎辨物居方。"宇宙间万事万物都是变动不居的、一切成绩都是暂时的，它会随着时间空间的变化而变化；它永远在前、后、左、右、上、下周流六虚、循环往复、生生不息。请看未济卦"继往开来，贞元会合"的智慧与鉴用。

卦象

上九	▬▬▬▬▬
六五	▬▬ ▬▬
九四	▬▬▬▬▬
六三	▬▬ ▬▬
九二	▬▬▬▬▬
初六	▬▬ ▬▬

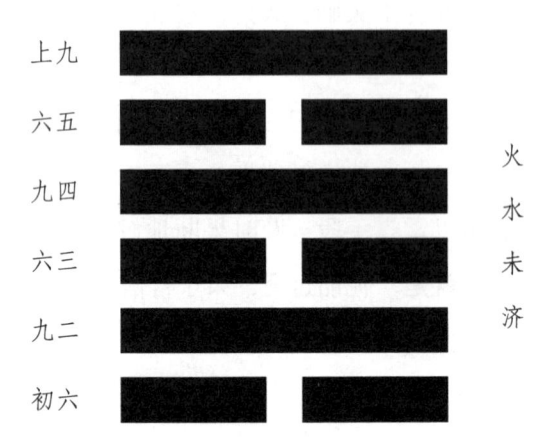

火水未济

经文	成语解卦	
未济：亨。小狐汔济，濡其尾，无攸利。	辨物居方	继往开来
初六　濡其尾，吝。	流离琐尾	审时度势
九二　曳其轮，贞吉。	平流缓进	稳操胜算
六三　未济，征凶。利涉大川。	未竟之志	前赴后继
九四　贞吉，悔亡。震用伐鬼方，三年有赏于大国。	坚贞不渝	丰功盛烈
六五　贞吉，无悔。君子之光，有孚，吉。	淑人君子	信而有征
上九　有孚，于饮酒，无咎。濡其首，有孚，失是。	酒食地狱	贞元会合

卦爻辞释义及智慧鉴用

卦辞　亨。小狐汔济，濡其尾，无攸利。

释义　未济卦象征未完成。意思是开始亨通；小狐狸即将渡河，却浸湿了尾巴，不会太顺利。

智慧鉴用　该卦讲的是：人的一生都是由平坦渐渐地走向艰险，再由艰险走向平坦，旧的矛盾解决之时，就是新的矛盾产生之日，它永远在您的前进道路上循环往复，永无终止，永无结论，这就是易道的"贞下起元，贞元会合"的规律，也是终而复始、生生不息的道理。因此未济卦是"变

"易"易理的归结。那么我们今后该怎么办呢？请看以下"辨物居方、继往开来"的智慧。

爻辞 初六 濡其尾，吝。

释义 意思是小狐狸在渡河时被弄湿了尾巴，会有麻烦。

智慧鉴用 该爻以小狐狸渡河为喻：说明"初六"犹如柔弱幼小之狐，它不度量自己的能力和客观条件就冒险躁进，造成危险局面。喻指我们有些年轻人，"初生牛犊不怕虎"，不自量力、躁进蛮干。所以造成"流离琐尾"的结果，因此我们必须要有"审时度势"的智慧。

爻辞 九二 曳其轮，贞吉。

释义 "曳"指拖住。意思是拖住车轮，使其速度不要太快，坚守正道可获吉祥。

智慧鉴用 该爻告诫我们：在形势对我不利时，快不如慢，稳健比速度更重要。所以看情况不妙时，要及时刹车停止前进，伺机待时，如此执守中正之道，定会吉祥。这就是"平流缓进，稳操胜算"的智慧。

爻辞 六三 未济，征凶。利涉大川。

释义 意思是事情未完成，急躁冒进去远行，有凶险，但利于渡过大河急流。

智慧鉴用 该爻讲的是：当身处险境、事业未成之时，不可逞强，倘若好胜用强去冒进，就必受其害。此时若是努力排难解险，还是有利的。这就是"未竟之志，前赴后继"的道理。

爻辞 九四 贞吉，悔亡。震用伐鬼方，三年有赏于大国。

释义 "震用"指声势浩大如雷；"伐"指征伐、讨伐。"鬼方"是部落名称。"大国"指殷商。意思是坚守正道可获吉祥，悔恨会消失；以雷霆万钧之势征讨鬼方国，经过三年的激烈战斗终于取得了胜利，被封为一个大国的诸侯。

智慧鉴用 该爻告诉我们：在事业即将取得成就之时，如能坚守正道，持之以恒地不懈努力就会获得成功。绝对不能松懈和坐等，天上永远不会掉馅饼。这就是"坚贞不渝，丰功盛烈"的智慧。

爻辞 六五 贞吉，无悔。君子之光，有孚，吉。

释义 意思是坚守正道可获吉祥，没有悔恨；这是君子所具有的美德和光辉，有诚信的德行可获吉祥。

智慧鉴用 该爻讲的是：谦、柔、仁、和的君子，他不但能够独善其身，还能兼济大家，最终必然会因成功而无悔，这是因为正人君子显示出的光辉德行，能让人觉得诚信不妄，他能带领大家顺利度过"未济"的一个又一个难关，所以吉祥。这就是"淑人君子，信而有征"的道理。

爻辞 上九 有孚，于饮酒，无咎。濡其首，有孚，失是。

释义 意思是有诚信地饮酒，没有过错。纵情滥饮，将酒泼在了头上，虽有诚信，但失去了礼数，损害了君子之道。

智慧鉴用 该爻讲的是：在一个重要的、阶段性的工作圆满完成之后，进行了总结、表彰和庆祝，并适度地举办宴会庆祝胜利，饮酒者并能寓诚信于饮酒之中，这是正常的、也是应该的。但如果饮酒者不知节制、酩酊烂醉，甚至弄得蓬头垢面满身是酒，那么虽然有诚信，但严重有失体统。这就是"酒食地狱，贞元会合"的道理。

结束语

《周易》的第一卦是"乾卦",该卦的核心就是干事业的人要像天体运行一样,刚健有为、永不停息,引用的第一个成语是"贞下起元",意思是天道人事的循环往复,周流不息。

《周易》六十四卦的最后一卦是"未济卦",该卦的核心思想是新一轮的人生之旅已经起航,这时要居安思危、辨物居方。引用的最后一个成语是"贞元会合",是指新旧更替、周而复始、生生不息、永无止境!

"贞下起元"和"贞元会合"这两个成语前后呼应、首尾相连、一脉相承。它完整地体现了《周易》永远都是发展变化的"变易"思想;也完整地体现了《周易》发展变化这一规律永远不会改变的"不易"思想;更加完整地体现了《周易》就是"变"和"不变"的"简易"思想。整部《周易》就是一个太极图,我们的人生和社会发展的各个阶段,不管是成功还是失败、是快乐还是痛苦、是顺利还是艰难、

后天八卦方位图

是健康还是疾病、是相聚还是分离,等等,或许可以在这个后天八卦方位图的某一点上找到对应的点位,也可能在这本《〈周易〉智慧鉴用》里受到启发和找到对应的解决问题的方法,因此《周易》不再神秘!